民國滬上初版書·復制版

不徹底原理

盧信 著

SJPC
上海三聯書店

图书在版编目(CIP)数据

不彻底原理 / 卢信著. ——上海:上海三联书店,2014.3
(民国沪上初版书·复制版)
ISBN 978-7-5426-4580-7
Ⅰ.①不… Ⅱ.①卢… Ⅲ.①社会科学—研究 Ⅳ.①C0
中国版本图书馆 CIP 数据核字(2014)第 029664 号

不彻底原理

著　　者 / 卢信
责任编辑 / 陈启甸 王倩怡
封面设计 / 清风
策　　划 / 赵炬
执　　行 / 取映文化
加工整理 / 嘎拉 江岩 牵牛 莉娜
监　　制 / 吴昊
责任校对 / 笑然

出版发行 / 上海三联书店
(201199)中国上海市闵行区都市路 4855 号 2 座 10 楼
网　　址 / http://www.sjpc1932.com
邮购电话 / 021-24175971
印刷装订 / 常熟市人民印刷厂

版　　次 / 2014 年 3 月第 1 版
印　　次 / 2014 年 3 月第 1 次印刷
开　　本 / 650×900　1/16
字　　数 / 120 千字
印　　张 / 11.75
书　　号 / ISBN 978-7-5426-4580-7/C·508
定　　价 / 68.00 元

不徹底原理

盧信 著

民国沪上初版书·复制版

出版人的话

如今的沪上，也只有上海三联书店还会使人联想起民国时期的沪上出版。因为那时活跃在沪上的新知书店、生活书店和读书出版社，以至后来结合成为的三联书店，始终是中国进步出版的代表。我们有责任将那时沪上的出版做些梳理，使曾经推动和影响了那个时代中国文化的书籍拂尘再现。出版"民国沪上初版书·复制版"，便是其中的实践。

民国的"初版书"或称"初版本"，体现了民国时期中国新文化的兴起与前行的创作倾向，表现了出版者选题的与时俱进。

民国的某一时段出现了春秋战国以后的又一次百家争鸣的盛况，这使得社会的各种思想、思潮、主义、主张、学科、学术等等得以充分地著书立说并传播。那时的许多初版书是中国现代学科和学术的开山之作，乃至今天仍是中国学科和学术发展的基本命题。重温那一时期的初版书，对应现时相关的研究与探讨，真是会有许多联想和启示。再现初版书的意义在于温故而知新。

初版之后的重版、再版、修订版等等，尽管会使作品的内容及形式趋于完善，但却不是原创的初始形态，再受到社会变动施加的某些影响，多少会有别于最初的表达。这也是选定初版书的原因。

民国版的图书大多为纸皮书，精装(洋装)书不多，而且初版的印量不大，一般在两三千册之间，加之那时印制技术和纸张条件的局限，几十年过来，得以留存下来的有不少成为了善本甚或孤本，能保存完好无损的就更稀缺了。因而在编制这套书时，只能依据辗转找到的初版书复制，尽可能保持初版时的面貌。对于原书的破损和字迹不清之处，尽可能加以技术修复，使之达到不影响阅读的效果。还需说明的是，复制出版的效果，必然会受所用底本的情形所限，不易达到现今书籍制作的某些水准。

民国时期初版的各种图书大约十余万种，并且以沪上最为集中。文化的创作与出版是一个不断筛选、淘汰、积累的过程，我们将尽力使那时初版的精品佳作得以重现。

我们将严格依照《著作权法》的规则，妥善处理出版的相关事务。

感谢上海图书馆和版本收藏者提供了珍贵的版本文献，使“民国沪上初版书·复制版”得以与公众见面。

相信民国初版书的复制出版，不仅可以满足社会阅读与研究的需要，还可以使民国初版书的内容与形态得以更持久地留存。

2014 年 1 月 1 日

盧信著

不徹底原理

中華民國十八年三月十日印

不徹底原理目次

目次

目次

不徹底原理

盧信

第一章　我之覺悟

世途險惡。我生不辰。耳聞目見。不如意者十逾八九。搔首蒼茫。每欲執天帝而問。然而天其有知耶。其無知耶。冥冥之中。其有主宰耶。其無主宰耶。老氏之言曰。「天地不仁以萬物爲芻狗」「吾初聞其言。未嘗不心焉非之。疑爲偏激之論。及二十五年來。閱世既多。憂患之餘。漸生覺悟。乃知往古來今。不外一殘酷悽慘之局。此中眞理。早已爲老氏一語道破。吾人生息其間。徒事自擾。無端而哀。又無端而樂。無端而生。又無端而死。無端而飮食。又無端而汗便。無端而和合。又無端而爭奪。正如鷄鶩爭食於庖廚之內。當自鳴得意之時。而不知磨刀霍霍者。已睥睨於其旁。天下可憐可痛之事。無有過於此者矣。「舉世盡從忙裏老。誰人肯向死前休」此晨鐘暮鼓之音也。然而覺悟者伊何人乎。

宇宙萬有。可疑之事實甚多。故哲學上有所謂懷疑之一說。然懷疑云者。不過至於疑而止。我之所謂覺悟。實含有確定之意義。此豈我個人之偏見歟。抑論理之錯悟歟。事實俱在。隨處可以發人深省。雖曰當局者迷。旁觀者淸。然謂人類屈伏於紛擾不寧之狀況。而無所感觸。吾不信也。

歷史論成敗。事業論功罪。人性論善惡。境遇論苦樂。出處論利害。衡理論是非。此種見解。所謂人同此心心同此理。而不因時代地域而異也。然所謂成敗也。功罪也。善惡也。苦樂也。是非也。利害也皆不過一種對待之名詞。而並無確定之標準。卽如成敗之迹。記於歷史。而歷史所載。率多虛僞。桀紂雖或不道。亦未必如所傳之甚。顧疏附後先皆新朝佐命。非張大桀紂之罪名。卽無以泯文武成湯之逆迹。觀伯夷叔齊以暴易暴之言。可知正史所傳。正多不實。故歷朝君相皆汲汲於養士。威迫利誘之下。文人悉入彀中。於是史臣執筆。揄揚聖治。小民怨咨。無門呼籲。後之讀史者。亦安能於紙張上求事實乎。秦皇焚書坑儒。其方法雖酷。其宗旨固與聖帝明王同也。晚近粉飾之術。愈趨愈巧。名曰宣傳。列爲專責。自是而後。凡事業之功罪。人性之善惡。衡理之是非。悉可顚倒混淆。無從辨別。成王敗寇。遂爲牢不可破之公例。吾人身處其境。當前事實固洞燭無遺。然後之讀書者。未必不認家乘爲信史。就以成敗論。漢高明太所謂成者也。顧半生戎馬。純爲子孫帝王之業。乃朽骨未寒。蕭牆起禍。及其末葉。則衣帶之血。煤山之淚。使劉邦朱元璋九原可作。能勿自哀其失敗乎。吾故曰成敗功罪善惡苦樂利害是非云者。皆不過一種對待之名詞。本非有確定之標準。試思時代變遷。則解釋自相殊異。此部分之社會與他部分之社會。則所感受者又不一致。是故歷史無成敗。事業無功罪。人性無善惡。境遇無苦樂。出處無利害。衡理無是非。非無其名詞也。其實質本無耳。夫實質既無。而必留此假定名詞者何也。不見狙公飼狙乎。朝三暮四。朝四暮三。名實未虧。而喜怒爲用。人類亦狙也。此種假定名詞。本不足以支配人類。然再昧昧以思。使並此假定名詞而無之。則人類亦絕。我於靜觀有得之餘。由覺而悟。而後知宇宙萬有至不相同。而其不徹底則無不盡同。不特此也。凡物皆始自無始之始。而終於無終之終。宇宙內之事物。固無一徹底。卽此宇宙之名詞。亦不徹底之名詞也。太空之中星球若干。能知其數目否。宇宙包羅。以何爲範圍。能舉其界限否。宇宙之外果爲何物。能引伸至盡否。人生上壽雖及百年。而自宇宙關係言之。亦與蟪蛄朝菌等耳。莊生齊物之論。早發其端。我則進一步言之。凡所有物。完全假定。物既假定。齊亦非眞。夫曰非眞。似可確定爲假。然明明有物。則非眞云者。亦屬假定。此所謂不徹底也。

夫救人善事也。佛家謂救人一命。勝造七級浮屠。是則吾輩矢志救人。不能謂爲錯悞。然此不過在吾一方面之主觀耳。若被救之人。是否因吾之一救。遂得良好結果。實苦無徹底之解釋。彼夫困處牢獄之中。或陷於壓迫殘虐之下。求生不能。求死不得。吾但能救其一死。而無以解除其痛苦。是救人等於不救耳。況人生皆苦境。由哲學上言之。與其受許多痛苦。而卒不免於一死。毋寧早死爲幸。是救人又適以害人也。又如殺人惡事也。然人莫不有一死。彭殤均死耳。況爲我之利益而至於殺人。則殺人固爲惡事。使爲被殺者之利益而至於殺人。則殺人未必遂爲惡事。姑舉一例。戰爭之中受重傷者宛轉哀號。無可救藥。旁人如加以憐憫。亦唯有使之速死耳。是殺人未必非救人也。況芸芸衆生。除少數人外。無不日在宛轉哀號之中。則殺人之人固惡。而被殺之人爲利爲害。亦無徹底之解釋也。我固喜救人而惡殺人之人也。且深信世人與我抱同一之感想者。當盡人皆然。然救人是否爲徹底之善事。殺人是否爲徹底之惡事。撫躬思索。不能爲確定之判斷。我之所以喜救人而惡殺人者。亦不過自我心理上所感覺。認爲殺人是惡而救人是善而已。我嘗有言。人到達觀心漸忍。世如常亂陸須沈。故殺人是乎。救人是乎。殺人卽救人乎。抑救人卽殺人乎。死生大矣。吾人何足以知其究竟哉。自來聖賢豪傑。以一身負世界之重任。鞠躬盡瘁死而後已。其志願非不偉大也。然原因結果事實上每不相符合。卽如耶蘇以身殉道。固自認爲有意義之犧牲。顧千九百餘年中人類受耶蘇之益者究有幾何。試探求其結果。則所謂偉大之志願。亦僅爲後人假借利用之具而已。人生世上所認爲重大關係者飮食男女是也。然徹底以求飮食男女之結果。則不外如是。抑推而至於無論何事。試一徹底以求其結果。則亦不外如是。夫旣如是如是。是亦不可以已乎。

生存競爭。優勝劣敗。此人類進化之公例也。然而所謂進化者。於人類爲禍爲福。固無確論。抑如何而謂之進化。尤難得一徹底之解釋。蓋自石器時代。迄於火器發明。近則機器之用。

愈趨愈巧。上之飛行於天空。下之潛游於海底。奇技精器。日新月異。神工鬼斧。未足以喻其奇。科學進步。於斯爲盛矣。雖然謂科學萬能可也。謂今之科學已達萬能之地位則未也。况乎人類進化云者。標準爲何。如曰機器發明。可爲進化之證。然人類受機器之益極少而爲期甚暫。受機器之害至速而烈。且普及於人人。卽就生理進化言。上古穴居巢處而體質可以抗風雨。自有宮室而寒暑之疾益多。上古茹毛飲血。而康健壽考。自有火化而胃腸之病漸起。由此觀之。謂人類進化可也。謂人類退化亦可也。達爾文所著物種由來論。謂人類遠祖實爲猿屬。夫自太古原人時代以迄今日。生活由簡單而複雜。組織由荒陋而完備。此誠人類進化之表徵。然相爭相殺。弱肉强食如故也。彼未開化之人類。稱曰生番野蠻。謂其去原人近也。今之號稱文明國者。殺人之術日求其精。殺人之數日求其多。故一彈之力足以殺千百人。以視木石弓矢之遲鈍。進化誠進化矣。然殘忍慘酷。獸性未改如故也。所謂進化云者。進化安在哉。人之所以異於禽獸者又安在哉。生物進化。由獸而人。今名曰人類。不特猶具獸性。且日謀發達而擴充之。自其形式言。是曰進化。按之實際。殊有不然者。吾聞獵人之言曰。貂鼠性仁慈。獵貂者恆裸其胸背。伏臥草上。貂鼠憐人之寒也。就而暖之。遂被捕。由此觀之。獸尙具有人性。而人竝獸且不如矣。然則人退化歟。抑獸進化歟。

天道循環。無往不復。此腐言也。虛無怪誕之論。我所不信。然謂天道絕無憑依。我又不作是言也。天道其有常乎。則應之曰否。天道固無常也。何以無常。不能徹底也。夫福善禍淫天道也。既能生人胡不盡生善人。必生惡人以擾之。天道亦為德不卒。既生惡人又從而禍之。天道亦過於出爾反爾。等而下之田園場圃之中。害虫之種類至夥。天既生植物以養人。何必更生害虫以絕人之食。又如病菌繁雜傳染滋蔓。天既生人而又生病菌。既生病菌以殺人。又必生藥物以殺無量數之病菌。凡此種種。我筆墨有限。難以枚舉。人謂天道好生。我嘗疑天道好殺。而皆非也。天道好生亦好殺。生固天道。殺亦天道。故謂天道好生者非。謂天道好殺者亦非。曰生曰殺皆不徹底者也。天道猶如此。人何以堪乎。

我所覺悟者何。覺者覺一切事物皆不徹底也。悟者悟一切事物皆不能徹底也。然豈惟不能。抑亦不可。今夫願花常好。願月常圓。願人長壽。人所認為善頌善禱之辭。亦徹底之吉祥語也。然而使花常好。則騷人墨客。無復起賞花之興味。卽明朝深巷亦不聞賣花之歡聲。故開落循環。花以不徹底而好處乃顯。使月常圓。則經年月夜。一樣中秋。舉頭仰望。無足興懷。故一月一圓。月以不徹底而圓為可異。使人人皆長壽。則負戴於道路者皆斑白之儔。而奸民暴衆。多不死之賊。人盡彭聃。亦必起厭世之感想。故修短不齊。以不徹底而壽考乃為五福之一。蘇子瞻之水調歌曰。「人有悲歡離合。月有陰晴圓缺。此事古難全」此詩人心理。有感而發。然人無悲歡離合。則人之生趣絕。月無陰晴圓缺。則月之作用窮矣。山無岡巒起伏。則山勢不住。水常如鏡。則觀於海者廢然而返。故宇宙恆星之大。人生慾望之奢。蟲魚草木之微。試使事事徹底。物物徹底。吾人閉目以思。此中作何景象乎。我願得邯鄲之枕億兆萬徧贈人類。使醒此徹底之夢。勿俟至黃粱將熟時也。

第二章　人生之意義

人生無意義者也。必認人生爲有意義。則吾言固近於偏激。然而博學深思之士。亦嘗專心致志以窮究人生意義之所在。顧學說雖多要爲片面理由。而人生意義之所在。終未能徹底知其究竟也。

苦悶與煩惱人生所最難受者也。然則愉快者其人生意義之所在乎。此疑問也。愉快有二種。有物質上之愉快。有精神上之愉快。如以物質爲主觀。則生活愉快。亦可解釋爲人生意義之所在。顧衣食住爲生活之要素。必謂衣食住卽爲人生之意義。殊屬强解。况衣之意義曰禦寒。食之意義曰充飢。住之意義曰避風雨。必謂禦寒充飢避風雨三者。卽人生意義之所在。顧縕袍狐貉禦寒之意義同耳。人類多不安於縕袍者何也。藜藿與粱肉充飢之意義同耳。人類多不安於藜藿者何也。蓬蓽與廈屋避風雨之意義同耳。人類多不安於蓬蓽者何也。况乎終日營營僅在乎生活之所需。日日如此。亦復有何樂趣。且因生活而有所需因有所需而互相妬羨。互相爭奪。是生活問題者。人生最煩惱最苦悶之問題也。如曰生活問題。卽爲人生意義之所在。意義云者果作如此解釋乎。生活問題而外。更有物質上種種之肉慾。耳之於聲。目之於色。五官百骸各縱所欲。紛華侈靡之場。奇技淫巧之妙。顧而樂之。雖南面王固無與易。人生得意。不當如是乎。是則物質上之愉快。謂非人生意義之所在不得也。然而物質有盡。人類之嗜慾無盡。千萬人求之。得之者不及一二。卽得矣亦未必能滿足其無厭之嗜慾。況未得患得。已得患失。得失之間。心爲形役。人惟不願煩惱與苦悶乃求物質上之愉快。顧不知不覺中。益陷於煩惱與苦悶之境地。是則物質上之愉快。非眞愉快也。煩惱與苦悶之原因耳。人生意義必不在此。如從精神上以求愉快。則樂天知命。隨遇而安。未嘗非精神安慰之方法。然強物境以遷就心境。人生固無趣味。況天何必樂。命何必安。悠悠數十年。虛生世上。亦復有何意義乎。

慈孝之說。違背現代思想固矣。然不能謂爲絕無意義。故在家族主義盛行之時代。人類之勞苦、憂患、希望、安樂。皆在此慈孝範圍內。愚夫愚婦。深信「不孝有三無後爲大」「養兒待老積粟防飢」之言。故自少而壯、而結婚、而生子。而爲子女婚嫁而老死。數十年之精力與光陰。悉萃聚於此一點。由此言之。則慈孝爲人生意義之所在。亦有片面之理由。顧人無所先而來。又何必有所後而繼。況後中有後。終有窮期。若夫養兒待老。行同貿易。此種心理純爲自私自利之偏見。「兒孫自有兒孫福莫爲兒孫作馬牛」昔人已能言之。固不必援引新說也。更深言之。人類莫不珍護其所有物。一身而外。所有物之最親切者。厥爲子女。故除環境壓迫或有例外。大抵世上無不慈愛子女之父母。而鮮有孝事父母之子女。此無他。父母以子女爲所有物。故慈愛出於自然。子女多視父母爲應有之忠僕。故孝實出於理性。語曰「聖人以孝治天下」又曰「孝於親者必能忠於君」此等腐說。爲今人所不道。而實有至理焉。吾人姑捨勸孝之說。而論社會互助。互助者互相援助。必非祇受人助而不助人之謂。我受父母之助者如此其厚。而父母之所需者。我乃無以助之。則互助之謂何。故父慈子孝者。卽互助之謂也。今人倡非孝之說。在舊學說論。必斥之曰禽獸不如。卽以現代學說論。亦大悖社會互助之理。况誰無子女。我今非孝。則我之子女其非孝必甚於我。語曰「養子方知父母恩」故古人倡勸孝之說實含有利己利他之意義。人人皆一度爲父母。勸孝則人人均有所利。如循非孝之說。則人人愛護子女之心理。必不若是其親切。人人祇知有我。卽人人不能享受互助之利益。故父慈子孝之說。本非人生意義之所在。然若由片面迷信之。直認爲人生意義之所在。亦未始非精神救濟之一法。卽如割股療親。其愚固自可憫。若謂人生意義在此。吾人所不能承認。然必極力非難之。亦非平情之論。此猶是不徹底之說也。

忠君愛國。此舊說也。自國家主義發達以後。忠愛二字之解釋。認爲指國家而言。夫國家主義。所以使人類自相殘殺者也。在哲學上言之。國家主義與人生意義。直如風馬牛不相及。本無相提並論之理由。然而國界具在。畛域各分。國家主義旣深中於人心。故政治之戰爭。經濟之戰爭。無非迷信國家主義之故。不惜舉生命財產自由以爲之殉。而人生自孩提以至老廢。日用生活。在在與國家主義。發生直接間接之關係。由是言之。謂忠愛爲人生意義之所在。亦未嘗不可。東隣日本、其國中自樞相官吏。下至於販夫走卒。竈媼下女。隨時隨事。皆表現其忠愛國家之觀念。試執日本人而問之曰。何者爲人生之意義。恐將盡人而答曰。人生之意義卽在忠愛日本帝國。此國家主義之流毒。固無可諱言也。夫國家主義之起原。純爲强有力者所僞造。自假借神權以迄於附會民主。表面之形式不同。而供少數人操縱則一。喻如催眠術。人受催眠以後。一切惟術者之意是從。今之人曰爲國効力。爲國捐軀。曰苟利國家死生以之。是不過受一種之催眠耳。人生意義決不在此。

人之言曰。名譽爲第二生命。然則名譽者其人生之意義乎。自來忠臣義士。所以慷慨赴死者。大率由於名譽之觀念。有以使之然也。文文山詩「人生自古誰無死。留取丹心照汗青」可見文山之死。在留歷史上之名譽耳。謝枋得被迫赴元都。有人贈以詩「此去好憑三寸舌。再來不值半文錢」說者謂謝之死。實此詩之力。所謂值與不值者。卽名譽上之價值也。明季權相如嚴東樓父子。奄宦如魏忠賢。當時炙手可熱。純以喜怒爲生殺。而士林之以言獲死者前仆後繼。此無他亦爲名譽所驅使耳。孔孟固所謂聖賢也。而論語曰「君子疾沒世而名不稱焉」孟子曰「令聞廣譽施於身。不願人之膏粱文繡」此可見孔孟二人。其認名譽與人生之關係如此。左傳曰「太上有立德。其次有立功。其次有立言。雖久不廢此之謂不朽」而疏解之曰「立德謂創制垂法博施濟衆如伏羲神農黃帝堯舜立功謂拯厄除難功濟於時如禹稷立言謂言得其要理足可傳如老莊荀孟管晏楊墨屈宋馬班制作子書撰集史傳文章皆是」故歷史上人物。無論聖賢豪傑英雄哲人。其所成就者雖不齊。而其認定名譽與人生之關係固皆盡人而同也。桓溫曰「旣不能流芳百世不足復遺臭萬年耶」是故桀紂與湯武同稱。盜跖與夷惠並著。賢者旣不甘與草木同腐。小人亦未嘗不願垂名於身後。可知名譽與人生無賢不肖其關係一也。歷史家每以深刻之筆。以好名二字批評古人事業。而研究社會學者。又必反其詞曰三代以下患不好名。夫沽名釣譽。本無足取。然人能沽名釣譽。自必有所不爲。大抵人生數十年。轉瞬卽逝。旣不能久延其血肉之軀。惟冀稍留去後之痕迹。此種觀念。可謂爲盡人皆然。試觀墓碑行狀。輒鋪張揚厲。人類心理。可見一班。而捨財施濟藉博慈善之名。仗義助人。冀邀鄉黨之譽。此類事實吾人隨在可以引證。卽如節婦烈女死拒强暴。此究何所爲乎。爲名節而已。可知名譽爲重生命爲輕。雖婦人女子。亦了解於人生意義之所在矣。夫烈女不事二夫。而夫死必須守節。此種腐論。本非今人所許。然吾之觀察點。則在彼不在此。如婦女認定貞節二字。爲人生意義之所在。則守節可也。如夫死而欲另謀愉快之生活。則再嫁可也。必謂人盡可夫。其言固謬。必以餓死事小失節事大之言進。亦非常理。蓋人事有定者也。意義無定者也。試問一身以外。

尙有何物。蓋棺定論。死者何知。況認定名譽爲人生之意義。自一方面言。則人類行爲。比較趨於高尙自他方面言。則社會日流於虛僞。吾嘗見北京某鹽務署長。其貪劣異乎尋常。然對於報館記者通訊訪員。各派一差月薪數百金國家犧牲公款爲數甚巨。而署長個人令名。竟得以永保。是故偉人行狀。官吏政績。名士書畫。文人著述。苟非與新聞記者有酒食酬贈之聯絡。則本質無論如何優異而莫爲之先雖美不彰。亦惟能與新聞記者有酒食酬贈之聯絡。則品格雖屬中下。而一經宣傳。卽可聲價十倍其他類此之事。實爲我所目見耳聞者。更難以枚舉。我每淸夜自思。生平作事。從哲學上審判之。其不合理者固不少。然假令昧我良知。能毅然決然。狠心辣手。貪劣卑鄙。一如當代享盛名之人物。我知所得社會上之尊敬。必過於眞實之名譽。我友常告我曰。世上無所謂名譽。名譽者權勢也。金錢也。苟能大權在手。或擁貲巨萬。雖殺人放火之强盜。皮肉生涯之主人。亦得享一時之盛名。此言似刻。然亦近於事實。故爲增加人類之興味計。則認名譽卽人生意義可也。然名譽果有意義乎。我不能答也。

愛慕虛榮。人之常態。然則虛榮者其人生意義之所在乎。吾見夫身居高位。權勢煊赫者。每躊躇四顧曰。大丈夫不當如是耶。「富貴不歸故鄉。猶如衣錦夜行」此種虛榮心。正歐陽修所謂人情之所榮。今昔之所同也。又見夫市井細民。在滿淸時代。則納纍纍金錢。買得文書一角。以驕其妻妾。民國以後則有破數百金慳囊。博取督軍署之諮議者矣。若夫嘉禾文虎之章。價値等於鑽石。民國公民之訃文。必加以清封大夫之字樣。此等虛榮心之表現。正不値識者一笑。乃相習成風。恬不爲怪。滋可異也。然猶曰中國則然耳。英倫之爵號。爲社會所迷信。凡人人應稱大人Sir而書函上之繕寫。口頭上之稱呼。偶一不愼。誤稱爲先生 Mr 則其人必怫然不悅。歐洲人之虛榮心如此。然猶曰君主國也。美國人對於高等官吏。不稱曰某某先生。而恆寫爲可敬某某Hon.美國富豪之女。往往挾奩資百十兆以嬪於歐洲之窮貴族。其目的所在不過購得一爵夫人之名號而已。此可見人類之重視虛榮。古今中外。如出一轍。則謂虛榮者卽人生意義亦未嘗不可。然而榮而曰虛。已無意義之可言。況生理學上。有所謂變態心理。不能以常態心理論。非洲土人以環穿鼻。纍纍下垂。固曰非此不美。然美之意義果如此乎。虛榮者純爲心理上之作用。其智並在以環穿鼻之下。大抵心理柔弱之人。虛榮心必熱。中毒最易。故世人受虛榮心之害者。以婦女爲最。而凡婦女之有虛榮心者。往往降志辱身。以供男子之玩弄。故謂虛榮卽人生意義。豈酖酒亦人生意義歟。

人生數十寒暑。得意之事甚少。苟能救人之急。濟人之危。人有痛苦。我爲解除之。人遇強暴。我爲鋤抑之。斯非人生得意之事乎。馮驩焚券。漢王解衣。墨氏摩頂放踵以利天下。孟氏被髮纓冠以救鄉鄰。乃至樊將軍之借頭。高漸離之擊筑。「風蕭蕭兮易水寒。壯士一去兮不復還」迄今讀之猶有生氣。漢時朱家郭解之流。以俠義著於鄉里。其人其事。雖爲禁令所不許。而略迹原情自有足多者在若唐之古押衙固所謂人間有心人也。而從容自刎。以殉一毫無關係之婦人。推斯志也。凡人在社會而屈已伸羣在國家而成仁取義。何莫非俠義之觀念有以擴充使然乎。是則俠義者其人生意義之所在乎。然而非也。俠義者起於人事之不平。使政治清明。法律嚴整。家給人阜。禮讓爲國。不平之事既少。則俠義行爲亦無表現之機會。大抵人類心理。多表同情於弱者。此種心理卽所謂俠義也。夫人類而有弱者。而俠義乃表現。是皆人類之不幸者也。況表同情於弱者。卽謂爲人生意義。然則弱者之人生意義又安在乎。

今之青年男女口有道道情愛。腦有思思情愛。社會各業爲迎合他人心理起見。亦趨向於此點。故電影則曰愛情電影。歌舞則曰愛情歌舞。小說則曰愛情小說。圖畫則曰愛情圖畫。其他事物亦皆以能誘起男女情感爲主旨。簡言之。今人心理直認男女情愛。卽人生意義。甚者竟謂除情愛外人生無意義之可言。吾非反對情愛者也。人非木石。孰無情感。得一知已。可以無恨。況柔情美感而在男女之間乎。傖夫俗子。竭盡心力。求親薌澤。此種禽處獸愛。直不知情愛爲何物。固無論矣。今曰情愛。較爲純潔高尚。人生意義宜若在此。而不然也。有男女二人於此。其所以相互間發生情愛者。必自有其發生情愛之原因在。故情愛發生之後。而原因稍有變更。則情愛亦不能繼續。此可知情愛非人生意義者一。凡人愈親則愈狎。狎則彼此弱點盡情暴露。發言處事。意見未必概能一致。既不一致而每每各不相讓。不讓則爭端遂起。梁孟之舉案齊眉。郤氏之耕饁相敬。此爲夫婦間之佳話。然所以維持相互間之情愛者。非情愛本身之力。而實於情愛之外。別有所以維持情愛者在。今人對於男女間之關係。但知以情愛爲主。且譏古人爲虛僞。果情愛可恃。則以戀愛結婚之人。何以發生離異之結果。卽不離異矣。而千百人中。其能姻緣美滿。好合百年而不稍存芥蒂者。恐無一人也。此可知情愛非人生意義者二。情愛者精神上之事。使男女關係。僅限於精神上而止。則相互間之情感。自可歷久而不變。如所謂發乎情止乎禮。形迹愈疏遠則情愛愈濃厚。白居易長恨歌有曰「在天願爲比翼鳥。在地願爲連理枝」。其情愛可謂深矣。要之此二句之最深刻處。全在一願字。若永永爲連理枝比翼鳥。則相互間之情愛。未必不因時代與環境而變遷。唐元宗與楊玉環之關係。純爲肉慾上之關係。觀乎梅妃之死。可知元宗之薄倖。楊氏賜死。非出元宗本願。故念舊之情感。不能自已耳。吾人讀愛情小說。一至男女結婚以後。卽覺意興都盡。而小說家之筆。亦不能不至此而止。若讀哀情小說。每令人竟日不歡。此無他。惟兩情不遂。故情感乃常存而彌摯也。花月痕說部中有句曰「多情自古空餘恨」。惟其有恨。所以顯其多情也。李賀詩曰「天若有情天亦老」。甚言天且如此。而況於人。此可知情愛非人生意義者三。語曰「一死一生乃見交情一貧一賤交情乃見」朋友且如此。況男女關係乎。夫苦悶與煩惱。爲人生所難受固矣。故苟得一同心人甘苦與共於苦悶與煩惱之中。亦得精神上之慰藉由此點言之。則情愛與人生實有莫大關係。雖然謂爲關係則可。謂爲人生意義則非也。凡人對於患難之伴侶。情愛必甚濃厚。是情愛因患難而生。而患難又非人人所常有。如謂情感所鍾。人人可共患難。則牛衣涕泣。無足稱奇。而俠義之傳。亦可以不作。此可知情愛非人生意義者四。若夫情愛在男女相互間以外。如朋友之樂。如父母子女兄弟之樂。非不足以增人生興味也。然此不過社會問題耳。非可以語人生意義者也。

易曰「聖人其有憂患乎」孟子曰「然後知生於憂患而死於安樂也」夫憂患者人之所畏。然人自呱呱墮地以後。即隱若與憂患相依倚。故除樂天知命者外。無論何種人物。即仕宦而至將相富貴而歸故鄉。而憂患之來仍難避免。袁子才曰「五倫爲和氣所鍾赤子先號啕而後笑六經皆憂患所作文章以多恨而始傳」即如小說如劇本使千篇一律。但描寫人生之樂境。則平鋪直敘。毫無曲折。雖有大文學家亦無從下筆。要之憂患與安樂爲對待。苟無憂患。人必不知安樂之可貴。況世上偉大之事業。皆爲無限不平之血淚所造成。故謂憂患即人生意義之所在。亦未嘗不可。然而人生數十寒暑。偶遭挫折。尚有未來之希望。必曰憂患卽人生意義。是數十寒暑中皆陷溺於憂患之境地。人生如此。亦復有何意義乎。施耐庵作水滸傳。其立論主旨。謂人生一世。草生一秋。總要痛痛快快幹一場。故雖殺人放火亦稱好漢。此固憤激之論。要亦普通人之心理也。凡人感於人生之虛僞。社會之不平。是非之無定。每發生一種思想與其日困愁城。不如痛痛快快。縱一時之肉慾。李白曰「宇宙者萬物之逆旅。光陰者百代之過客。浮生若夢。爲歡幾何」人類苟明乎此。未有不起及時行樂之念者。然而樂無定義。則各樂其樂。故有以飮酒爲樂者。有以積財爲樂者。有以女色爲樂者。有以賭博爲樂者。有以政權爲樂者。有以吸鴉片爲樂者。有以歌舞爲樂者。有以殺人放火爲樂者。求樂之方法不一。而惟認放蕩爲人生意義。興會所至。盡歡乃已。吾人苟以理性繩之。彼將振振有詞。執耐庵人生一世草生一秋之言。謂聖賢英雄豪傑。結果同是一死。壽夭窮通。智愚善惡。亦同是一死。使處處以義理自縛。卽無復有痛快之事。其言固爲吾人所不取。然歐人所倡主張權利之說。正是此種見地。例如有金錢於此。循孔孟義利之辨。則辭受取與之間。自有斟酌。今人注重實質。有利則取。無所謂義與不義。況實質當前。而必以空杳之義理。使自爲限制。此實强人以所難。佛氏倡色卽是空空卽是色之說。純爲有慧根人說法。非人人皆能大覺大悟也。今試置珠玉錦繡於衆人之前而告之曰。此色相耳。其實空也。吾知人人必不以其空而捨之。又如好色不好德。爲人類之天性。從精神上觀察。則紅粉卽骷髏。何足眷戀。若從物質上觀察。則紅粉者現在。骷髏者未來。百年轉瞬。何必舍現在以思未來乎。又從婦女一方面觀察之。苟能保持其純潔之身心。則人格高尚。衾影不慚。此一說也。然貞淫結局同是骷髏。道德節操。皆身外物。究不如風流放誕。亦足取快於一時。此又一說也。宋祁於上元夜。點華燈擁歌伎。醉飲達旦。宋郊誚之曰「不知記得某年上元同在州學內喫虀賷飯否」祁笑曰「却須寄語相公不知某年同在某處喫虀賷飯是爲甚底」宋祁此言。已將世人心事痛快說出。蓋人生有涯。各欲於放蕩之中。以消遣此逼人之歲月。謂曰人情之常。自非太過。故持無政府論者。主張極端之個人自由。其理解雖不同。而放蕩之意義則一。然而人不能離社會而獨立。爲維持公共之安寧計。不能不加個人以限制。故道德之外。尚有法律之制裁。況富貴功名。求之匪易。往往大欲未償。精力已盡。讀出師未捷身先死之句。令人生無限感喟。英雄事業且然。況在尋常者乎。卽曰酒色是躭。既無事業之可言。亦爲法律所不及。而放蕩之結果。適足以傷生致疾耳。故謂放蕩者人死之意義可也。謂爲人生意義。烏乎可哉。

神秘者其人生意義之所在乎。宇宙萬有。皆在可解不可解之間。必欲解之。各有片面之理由。進而求其究竟。仍無以解釋吾人之疑問。卽宇宙爲何。止境何在。祗許吾人想像。而不容吾人了解。一若故留此缺憾。以保存有餘不盡之興味。袁子才曰「天下惟不求甚解之端爲能相沿而無弊夫饔飧何以定朝夕手足何以被冠裳必欲推測以窮之何莫非古人欺我哉而惟其不可解斯不可離也」舊時之制度文物。風俗習慣。今人每加以神秘二字。指爲違背人生之意義。殊不知人生意義卽在此神秘二字之中。試舉一例。昔之論美人也。或以錦衣繡裳而其美彌增。或以淡裝素服而其美彌顯。今人倡曲線美之說。必以加衣爲神秘。裸體爲眞美。夫人類各具獸性。各欲私其所喜者。旣以裸體爲美。是純爲肉慾問題而與情愛無關。然一裸體美人於此。必不能供給人人之肉慾。旣不能使人人滿意而去。又何必裸體以誘起他人之肉慾。況夫美人之容貌。美人之儀態。在外觀上已足與吾人之愛慕。更留一神祕之肉體。不容輕易示人。則愛慕之情。必有加無已。夫審美者精神上。而非肉體上者也。吾人非冬烘學究。欲以不合時代之禮教。排斥裸體之風俗。然今人謬以裸體爲美者。是眞不知美之意義者也。況必使婦女裸體。供吾人之鑒賞。是眞以人爲玩物耳。男子亦猶人也。能否裸體以博婦女之一笑。如其不能。是亦神祕而已。吾於倡妓中曾得一種人生感想。十年以前。吾曾隨衆徵逐於海上。燈紅酒綠。當筵一曲。吾輩無他目的。祇覺酬應之苦。而在有所眷戀者。則固認此中大有樂趣也。故往往有極放蕩之倡妓。而對於新來狎客。必矜持作態。不急急假以顏色。此種虛僞行爲。實無足取。然狎客眷戀之熱。必更因而增加。卽曰是不過騙財之方法。顧惟此方法。乃能騙財。此又神祕之說也。吾聞歐洲日本之倡妓。其賣淫方法之簡單。數倍於南京路之逢人賣笑者。甚且以小時計値。如醫院掛號。一號既畢他號又進。試思如此簡單有何趣味。吾常言中國事物。多偏於精神上。歐洲事物多偏於物質上。觀之倡妓亦足以證吾言之不妄。近吾友告我曰。今日制度文物風俗習慣均趨向於歐化之途。卽倡伎亦復爾爾。昔日高等倡妓。往往纏頭數十擲。而所欲未必克遂。今則倡妓亦注重於實利主義。現買現賣。交易而退。各得其所。子之所言。猶是十年前之觀察。而非近年之事實也。吾聞其言。深歎物質害人。乃蔓延如此其速且廣也。夫人之所以異於禽獸者。以其肉體之外。尙有精神耳。試思禽獸交尾。光天白日之下。隨時隨地。均可表現其性慾上之衝動。人類則不然。洞房曲室之中。錦衾角枕之下。半推半就。乃愈增其神秘之作用。若必斥爲虛僞。是則胥人類而復爲禽獸然後可。夫男女何必異性。雌雄何必相交。孕育何必在腹。產生何必由此困難之便道。人生所自已屬神秘而莫解。故人生以後。卽無日不在神秘之中也。神秘者何。卽吾不徹底之說也。然而人生固神祕矣。而神祕之意義又安在乎。

上述種種。皆非人生意義。由是言之。則吾所謂人生無意義。固信而有徵矣。雖然此論仍不能徹底也。人生果無意義。則人何必生。人既生矣。不能謂爲絕無意義。假使人咸了解於人生之無意義。則上焉者必厭世自殺。下焉者亦縱慾以促死。蓋生趣一盡。則人類亦息。故造物生人。祗賦以同一之形骸。而不畀以同一之知識。是故耕田而食。鑿井而飲。含餔鼓腹。擊壤而歌。此非盛世之人民歟。而使吾人處此境地。亦覺毫無趣味耳。蘇子瞻曰「我被聰明誤一生」誠哉聰明之誤人也吾不能如椎魯愚昧之人但以飲食男女終其身。又不能强悍變詐。但以任情縱欲快其意。而於人生問題。偏欲窮其究竟及途窮思返乃感於人生之無意義。今之人或稱吾爲知識階級後之人或譽吾爲思想家。庸知吾之有知識有思想正吾之大不幸也。是故吾言人生無意義。不過吾個人觀察之結果耳。夫旣有人又有生人事變遷。皆有痕迹之聯絡而自然界之現象。亦有軌道之可循。孟子曰「莫或使之若或使之」人生如此。天道如彼。然則人生其有意義乎。其無意義乎。是皆不能徹底者也。仁者見仁。智者見智。是又不必徹底者也。

近人迷惑於徹底之理論。每於傳統因襲之事實。掊擊甚力。而一談及人生問題。卽以認識意義爲主。夫綱常禮敎。毫無意義。固吾人所承認。然如近人之理論。生活愉快。戀愛自由。人生至此。宜若可以無憾矣。而謂人生意義卽可由此認識不能也。何也。生老病死。飲食汗便。睡眠動作。配合生育。此皆人類極尋常之事。使加以精密之探索。吾人卽無從了解其意義。人事紛紜。常在造化蒙蔽之中。以吾個人所感想。人生如演劇。喜怒哀樂。純爲虛僞之動作。故劇中人之逐幕排演。觀衆之心理衝動。皆不能有何意義。足以供吾人之認識。必揭幕以觀。則演者觀者。皆有索然無味之感。是故人生固無意義。抑人生問題。尤不許吾人認識其意義者也。況人類不齊。而生活於虛僞之中則一。故於虛僞中而求眞實。固屬不可能之事。抑宇宙之內。何者爲虛僞。何者爲眞實。吾人亦無從確定其標準。吾人處虛僞生活之中。厭倦鬱抑。無以自拔。往往懸想一眞實之境界。聊以自慰。故觀美術家之圖畫而感懷於古代之山林生活。讀文學家之篇章。而歎賞其至性至情之作。乃至英雄蕩檢。謂爲尙留本色。孩童可愛。以其未失天眞。凡此種種心理。皆爲惡虛僞求眞實之表示。古人謂過屠門而大嚼。雖不得肉亦且快意。是亦過屠門大嚼之類也。夫人事亦至無常矣。而無常之中有常焉。凡事不能出是非利害以外。此所謂常也。是非近於虛僞。其結果不免矯情。利害近於眞實。其結果不免慘酷。今人捨是非而計利害。惡虛僞而趨眞實。固自以爲得矣。詎知人類生存。全恃此虛僞之假面目。以互相維繫。若並此假面具而去之。試思人類社會將成何種景象乎。昔人有句云『周公恐懼流言日王莽謙恭下士時若使當時身便死一生眞僞有誰知』此惡王莽之僞。而美周公之眞者也。抑知殘殺爭奪。本人類之天性。自來聖賢言行。無不以虛僞爲依歸。周公惟能永保其虛僞。故成爲周公。王莽不能永保其虛僞。故成爲王莽。聖賢所以大過人者無他焉。在能永保其虛僞而已。孟子言『好名之人能讓千乘之國。苟非其人簞食豆羹現於色』於以知永保虛僞之難也。吾友某於民國十四年。曾從軍湘鄂間。以所見者相告。謂當時男女解放。盛行一時。大庭廣衆中實行性交恬不爲怪。卽有尙知羞赧者。每下帳幔以自蔽。而同輩中必以不徹底相斥云云。吾以冷靜之頭腦。加以研究。則此中固有至理焉。夫男女性交。爲人人所有之事。如徹底解釋之。是與吃飯握手等。而必故爲避人耳目。競趨於虛僞之途徑者何也。無他。人類社會組織至爲複雜。不能復返自然人之舊。則惟有永陷於虛僞狀態之中而已。大抵世界如一轉輪。循環往復。盡爲悲慘殘暴恐怖之事實。夫輪轉不已。自應有一定之目的。卽吾人伏處輪上。隨輪而轉。亦不能無一定之歸宿。然而目的何在。歸宿何所。古往今來。祇成疑案。故人生意義。有耶無耶。已非吾人所能解答。更進一步而務求認識。立志固應爾爾。然而如事實何。語曰「道高一尺魔高一丈」此之謂也。

第三章　人類平等

謂人類不應平等乎。無是理也。謂人類必能平等乎。亦無是理也。我本主張人類平等之一人。豈願作此模稜矛盾之論。顧理想與事實。往往不能合而爲一。凡屬人類。自應平等。此理想也。人類至衆。不能使之悉皆平等。此事實也。同是圓顱方趾。同生息於地球之上。故儒者之言曰。「四海之内皆兄弟也」釋氏之言曰。「衆生平等」耶氏之言曰。「視敵如友愛人如己」達爾文之論物種由來。與夫研究人類進化史之學者。莫不認世界人類本出一源。故人類應否平等。本不成問題。亦無討論之價値。世上懷抱自私自利之見者。雖不乏其人。而敢於明目彰胆。謂人類不應平等者。殊不多覯。卽有之矣。而反對人類平等之理由。言之亦不能自完其說。故人類平等。祇有能否平等之問題。而無應否平等之問題。茲篇所論其要點全在乎此。今日人類不平等之狀況。與夫人類能否平等之事實。其所表現者有三。

一享用　人生問題。以衣食住爲最重要。而衣食住之種類。亦至不齊。故美惡分焉。我人居華廈衣羅綺食粱肉。固自以爲得天獨厚矣。然試設身處地。爲貧苦者着想。同屬人類。何以有此不平等之享用。故各盡所能。各取所需之主張。我人苟平心以思。不能不認爲合理之要求。顧世上之物質有限。而人生之慾望無窮。試舉其例。如汽車爲交通利器。固人人所需。曰平等享用。則必人各一車而後可。而世上物力能否供給。如以不能盡人供給之故。禁私有而許公用。是不特汽車之作用失。而因時間與需要之衝突。則享用亦復不平。又如音樂爲人類之所必需。必每家之中備具各種樂器而後享用乃平。如曰物力不敷。僅於公共音樂堂中備具各種樂器。然人人作業同此時間。人人休息又同此時間。集合於一音樂堂之中。其時間又復相同。試問向隅之感。豈僅一人而已乎。又如狐裘禦寒。人所需要。既不能盡人而衣之。又不能一裘而公用。又如口之於味有同嗜焉。魚翅燕窩。吾人所視爲珍品也。人人皆有平等之享用。能否不爲物力所囿。又如輪船火車本以謀長途旅行之便利。然盡人而悉予以最優等之臥室。能乎不能。如曰不能。則平等享用之謂何。以上所述。不過數端。而類此之事實難以枚舉。大抵物質與慾望相互相乘。物質愈進。慾望亦愈進。競進之結果。物質必不足供人類之需求。故人類受物質之痛苦。必至如繭自縛而後已。我嘗謂毀火車棄輪船。則社會不安之狀況可以減少。此非有激而發之言。實有至理存焉。語曰不見可欲其心不動。腐朽陳舊之談。固爲今人所不取。而藉此以禁遏個人之慾望。其理正與毀火車棄輪船同也。今人注重物質上之享用。各爲極端權利之主張。爭奪擾亂之結果。而人類之不平等自若。山窮水盡。終有返樸還淳之日。故必人各縮少其一己之慾望。則不平等之狀況。亦必因而縮少。試觀鄉曲之中。耕田鑿井。各食其力。雖貧富階級未必齊一。而不平等之狀況。其所表現者至微。於以知崇拜物質之人類。而欲免除不平等之狀況。此所謂緣木求魚。

非不爲也。不能也。

一地位　尊卑長幼之序。貴賤上下之別。此種紀綱禮教之主張。固爲今人所反對。然人類不能離羣而獨立。於是社會有規約，國家有政治。世界有公同遵守之法律。然社會上之規約。誰訂立之。誰執行之。既有訂立執行之人。則必有被迫服從之人。是不平等也。無論何種政治。政權必在少數人之手。即曰政府爲多數人所擁戴。然以多數人之權力。抹殺一部分人之地位。則平等何在。況所謂多數者亦不過少數人之機械耳。若夫法律則殺人者死。盜竊者罰。此世界公同遵守之法律也。然同屬人類。何以一部分人占殺殺人罰盜竊之地位。況二人相爭。必服從第三者之裁判，第三者以何理由而取得特殊之地位。故就地位平等之說。此皆不得其平者也。要之世上一日有社會有政府。則人類地位必無平等之日。共產主義宜可以謀人類平等矣。然共之方法如何。若有人主持分配之方法。而使多數人服從其命令。是不平等也。無政府主義陳義固高。然極端之個人自由能否維持人類之安寧。如曰尚有規約。則人類地位。其不能平等自若也。

一人性　人類平等能否實現。其主要之點。在人性問題。能否得有完滿之解決。上述享用與地位之二點。吾人腦力有限。若無解決之方法。然人類知識日益進步。此時不能解決者。他日或足以解決之。若夫人性問題。則智愚賢不肖根於天性。造物生人既不能盡生賢智之人。我輩欲假借人力舉此不平者而使之平。能乎不能。藉曰教育可以改良人種。然我輩生具惡性。既無賢父母安得有佳子孫。農學家之改良動植物。其要點在擇種留良。假使美惡並育。不加嚴格之去取。則農學家亦無所施其技。今試問改良人種。能否如農學家之改善動植物。施行其擇種留良之方法。如曰能之。誰擇之而誰留之乎。況殺人而自留。則留者必爲殘忍暴戾之人種。是改良之謂何。如曰不能。則人性終不平等也。生理學上凡人感受父母之遺傳性。端在受孕之俄頃。故父母本善人而受孕時適萌惡念。所生子女必稟劣性。丹朱不肖舜之子亦不肖。有賢父母未必有佳子女。此例甚多。隨在可以證明。我輩爲主張人類平等之人。必謂此不能平等之人性。將有以使之平。理想固高。而事實上未見有可能之理由在也。

人類感覺不平等之苦。自不能不求徹底之平等。然人類能否徹底平等。必以人性能否平等爲準。果人性平等矣。則人人具有同等之知識與道德。各了解於生存互助之理。於個人各有極端之自由。各不受任何之束縛。故家庭不必有也。政府不必有也。國家不必有也。各盡所能。而所能無不盡。各取所需。而不必需者不取。人人無自私自利之心。斯爭奪之事不作。人人知物質之有限。斯慾望不奢。夫如是則人類徹底平等。所謂享用問題地位問題皆可迎刃而解矣。雖然此烏托邦耳。我人不妨作此奇想。而謂此種奇想。能現眞境。無是理也。

人性不能平等。而欲人類徹底平等。又無是理也。人類社會以不平等而構成。徹底平等則人類亦滅。滅之方法不同。在進步方面。如宗教所言是仙是佛。已超出人類之上。在退化方面。則昆虫猿鼠。將復返生物之舊。然而仙有班次。佛有菩薩羅漢之分。昆虫猿鼠地位享用亦至不同。大千世界中。何處尋一徹底平等之世界乎。嗟乎造物生人。鑄成大錯。我人脫離母胎時。已與不平等之痛苦以俱來。天地之大猶有所憾•吾人其如造物何哉。

第四章　公理與强權

何謂公理。强權之謂。何謂强權。强者之權利之謂。今人之言曰武裝和平。曰赤血黑鐵。此等言論。皆爲强權伸張公理磨滅之明證。吾人不幸。生於東方積弱之國。外則强隣虎視。內則豺狼當道。水深火熱之中。刀鋸鼎鑊之下。生民憔悴。未有甚於此時者也。然蚩蚩者力不足自拔。勇不能奮鬥。當呻吟無告希望俱窮之時。所聊以自慰者。惟篤信惠吉悖凶之說。冀公理之伸張而已。顧公理正難知。而人事實不可問。惠吉悖凶之說。有時徵之一二事而良確。例如窮而盜銅幣。餓而竊麵包。其行爲固惡行也。而社會之唾駡。法律之懲罰。不轉瞬間已身受其報。故以此言公理。信乎公理之報施不爽也。然而熙來攘往之中。有盜銅幣竊麵包之行爲者何限。甚於盜銅幣竊麵包者又何限。更進一步言之。人類社會方挾其腦力腕力以相競爭。爲問其心計其手段。有愈於盜銅幣竊麵包者乎。毋亦心計精密手段敏捷之人。不特盜竊行爲。絕不爲社會所覺察。且以擁有勢力之故。公然受社會上之尊仰。故盜竊一也。乃吉於彼者凶於此。豈公理之無定乎不然也。

我向謂世事雖極紛紜錯雜。而其結果必不能出乎公理之範圍。我友每聞斯言。必駡我爲書生爲癡人。我則斤斤以辯。謂我言固無誤也。我友之言曰。殺人刼財者公理也。救人捨財者非公理也。我聞其言初極駭詫。及閱世既多。當前事實。每隱與其言相合。我乃不敢盡以我友之主張爲非。大抵公理之標準。不外以强弱爲判。腦力有强弱。腕力亦有强弱。强與弱遇。則强者受福而弱者蒙禍。個人然積個人而成社會。積社會而成國家。亦莫不然。此所謂公理也。今試舉數事以證吾言之不妄。夫殺人者死國有常刑。乃槍林彈雨中殺人無算。而人類反歌頌其功。此一說也。學徒傭僕以事蓄維艱。乞憐於主人之前。主人不諒。立予斥逐。而而社會上無有以主人爲非者。今則集合團體同盟罷工。無論理由如何。而社會上無有加以抵抗者。此又一說也。是故同一事變。因强弱殊異。故公理之解釋不同。今人處惡劣悽慘之境地。每痛心疾首。謂世界上無復有公理存在。然爲此言者。固不解所謂公理者也。公理者何。一言蔽之。强者之權利而已。

强者之權利。此近世之讕言也。吾深惡之。吾反對之。然深惡自深惡。反對自反對。而事實之表現。絶不因吾人之深惡反對。而更改其已成之局。藉曰過去之人類。屈伏於種種專制之下。人各放棄其應有之權利。故强者乃得攫而有之。顧輓近盛倡自由平等之說。人人張脈僨興。咸竭其全力。注重於權利之爭。而爭之結果。一切權利仍爲强者所享有。由是知盛衰之理。雖曰人事。豈非天命乎。吾因此而有一感想。據生理學上言。人生所自肇。自精虫。於億兆精虫之中。互相競爭。互相殘殺。競爭殘殺之結果。而最强者存焉。此最强之精虫。乃孕伏母胎。誕生爲人。是人之所以成爲人者。不外强者所得之權利。而其他億兆同類。皆已爲此最强者之犧牲品。人類本性。具有競爭殘殺之惡德。就此一點。已足證明。故欲藉科學之力。改造人類。則除廢去固有傳種之方法。利用化學以機械製造人類外。無他道也。然而科學之力能如此徹底乎。固無人敢下一斷語也。抑匪特人類爲然也。飛禽走獸魚鼈昆虫之屬。無論爲胎生卵生濕生化生。而生之所自。無非競爭殘殺之結果。卽庭園之花草。山林之樹木。其稟賦最强者。莫不挺然獨茂。然此猶其小焉者也。太空星球。隕者若干。死者若干。而能不隕不死者。非所謂强者乎。由是言之。强者之權利。本爲宇宙定律。吾人乃欲以有涯之生。破此不平之局。嗚呼。蒼蒼者天。豈鍊石所能補。茫茫恨海。非精衞所能塡。造化弄人。抑何慘酷。苟有主宰。吾人誓當聯合一切有知無知之物。共同革命。然而思之思之。其如不能徹底何。

種族之見。根於天性。凡屬動物。莫不皆然。而於人爲甚。近來白色人種對于有色人種之壓迫。固爲吾人所痛恨。而白色人種之中。其弱小民族。亦常爲强有力之民族所凌侮。歷史學者倡人種同源之說。其確否可勿論。然同是人類。而必互持種族之成見。以爲競爭殘殺之標幟。是則種族云者。直人類之禍水耳。晚近民族平等之主張。盛傳一時。歐戰後之和平會議。亦嘗許各民族以自決之權利。自表面言之。民族平等固已稍肇端倪。而就實際上言之。則强有力之民族。其玩弱小民族於股掌之上。仍無以異於昔日也。林肯因解放黑奴演南北美之大戰爭。然黑人解放之後。法律上雖有平等之地位。而事實上絕無平等之利益。此可證弱小民族。萬不能與强者享有同一之權利矣。大抵種族之見。多起於風俗言語宗教之差別。因風俗言語宗教之差別。故同者助之。異者排之。風俗言語宗教既有異同。雖無種族之界限。而其異異同同之心理。固有觸卽發者也。試觀航行美洲之輪船。其侍役水手。幾盡粵人。設有寧波人廁身其中。則未有不爲粵人所捉弄者。反之。航行於長江流域之輪船。其侍役水手幾盡爲寧波人。設有燕人廁身其中。則未有不爲寧波人所捉弄者。由此觀之。强者凌弱實爲人類之通例。政治法律斷無制裁之效力。吾人雖具有抑强扶弱之心。然必欲以一種制度。使强者弱者。皆享有同一之權利。理論固如此。而豈事實之所許乎。

自有人民權利之說。而專制政體乃隨革命潮流以去。近代政治學者。猶復苦心研究。以求人民權利。得以盡量發展。然此但表面文章耳。政治內容。決不如此。故無論專制政治。立憲政治。其所採取之方法不同。而全爲强者所把持則一。夫所謂人民權利。祇在選舉之一點耳。然愚魯無能之輩。占人民中之最大部分。故選舉權之運用。悉操縱於强者之手。近人主張於選舉權之外。更賦人民以創制罷免復決之權。以求人民權利之擴充。其言甚美。固吾人所絕對贊同。顧人民無同等之知識與能力。則所謂擴充人民之權利云者。非人民全體之權利。而人民中一部分之强者。坐享其權利而已。邇來思想龐雜。人民多不安於現在。而政治上之新主義新方案。遂乘機而起。類皆以民衆爲口實。言之成理。然主義方案。皆與人民全體不能發生直接關係。於是人民之强者。乃利用大多數人民之弱點。遂假借主義與方案。以爲愚弄人民之具。試取過去之政治歷史。研究其社會之眞相。更證以吾人所經歷。考察其事實之表現。可知政治上無論何種主義。何種方案。要皆爲强者之權利而已。夫政治者附麗於國家。先有國家而後有政治。人類自個人而部落。自部落而國家。是國家之組成。純爲强有力者之伎倆。吾人於承認國家之下。而欲反對强者之權利。此直以吾人之矛陷吾人之盾耳。大抵竊政弄權之徒。當所志未遂時。必以一種罪名。加之於當局者之身上。而自己之宣傳運動。一言一字。無不以公理爲標榜。及一旦政權在手。則其個人之行爲。政治之措施。不特言論事實大相殊異。而且暴戾恣睢。有爲前人所不敢爲者。要之世上之偉大人物。其所成就。皆出於奸僞詐欺之一途。唯其奸僞詐欺之術大。故所成就者亦大。匹夫不忍於飢餓之苦。小試其奸僞詐欺之道。盜銅幣竊麵包以救生命。其行可惡。其情可哀。然卒琅璫入獄。不蒙法律與社會之原宥者何也。則强弱之不同也。夫竊國者侯。竊鈎者誅。莊生所言。古今同慨。而大多數人乃不謀竊其大者。使銅像巍峩。口碑載道。而獨竊其小者。甘受法律上社會上之指摘抑又何也。則亦强弱之不同也。滿清達官以得戴紅頂爲榮。謔者謂爲人血所染。此言雖虐。實有至理。故偉大人物之功業。實不外奸僞詐欺之成績。亦惟陰賊狡險之徒。乃容易攫取人間之權利。就吾人所耳聞目見者以證明之。則現代如此。往古如此。卽來今亦未必不如此也。孔子曰「始吾於人也聽其言而信其行。今吾於人也聽其言而觀其行」一人心世道之憂。誠不料二千年前尼父已早有同感也矣。歐洲大戰以後。政治上發生一種變態。則專制政治之復興是也。俄意政旨有如冰炭。而專制策略殊無二致。今人研究俄意政治者。多不於根本上注意。故一談及俄國。卽涉想及共產主義之實施。一談及意國。卽認爲國家主義之發展。此中觀察。皆似是而非者也。古昔專制政治。一國政治之大權。操於少數人之手。遂惹起人民之反抗。自政治革命。人民固曰有參與政治之權利。而事實上乃獲得兩種結果。其一政治大權仍操於少數人之手。固與專制時代無異。其二大多數人民。並無解決政治之知識與能力。因有上述兩種之結果。而又當羣情搖動之時。於是俄意政治乃應運而興。姑舉一例以證吾說。太古原人時代。男女交接放任自由。後世惡其荒鄙。乃制爲禮敎。名曰婚姻。實則男女之猥褻行爲初無二致。然率由既久。人情漸苦禮敎之虛僞。故男女徹底解放之說。遂足以博大多數青年之同情。此無他方法百變。主旨不變。動極則靜。靜極則動。凡物皆然。固無與於是非之林也。惟政治亦然。專制政治固爲强者之權利。卽共和政治亦何莫非强者之權利。況大多數人民既無解決政治之知識與能力。與其竊共和之虛名。使社會長陷於不安之狀況。毋寧明目張膽。以少數人專政爲號召。

此俄意政體之所以存在也。夫使此種政治。倡之於百年以前。其召人民反對決無疑義。孟子曰「雖有智慧不如乘勢雖有磁基不如待時」俄意之興。亦時勢使然耳。故必以共產主義論俄。必以國家主義論意。是皆淺之乎論政治者也。

「朱門酒肉臭路有凍死骨」此貧富不平之現象也。近人憤資本家之專制。乃倡打倒資本主義之說。吾非贊成資本主義之人。然平均貧富其道甚難。使人類皆能並耕而食饔飧而治。則不平之狀況或可減少。然如其不能何。共產主義立論甚高。尤易得無產者之信仰。顧私有財產廢除之後。集資本於一國。少數官吏以平民而享貴族之奉。而大多數人民。其不平固自若也。我國古代雖無共產之名稱。而共產制度早行之於秦漢以前。分田制祿。理論事實。均甚平允。較之馬克斯學說。但爲一時情感所乘。固不可同日而語。然三代以前。社會狀況。仍不免於攘奪殘殺者何也。此無他。人類各有慾望。卽不能無競爭。有競爭斯攘奪殘殺之事起。旣相率而攘奪殘殺。斯强者乃獨享其權利矣。故無論資本主義共產主義。名目則因時而變。而强者之權利。則亘古不變也。吾對共產主義嘗發生一疑問。例如一家之中。兄弟數人。同爲父母所生。父母旣死。所遺財產當爲諸兄弟所共。然嫉妬離間。爭奪訴訟之事。猶時有所聞。夫骨肉之親。人數之少。然共產之結果如此。况國家之疏遠。人民之衆多。而欲共產主義之實現。其結果如何可以逆料矣。

平等之說所以安慰不平等之人類。而實則世上祇有平等之言論。而必無平等之事實。吾觀近代婦女大倡男女平等之說。然解放以後。婦女受男子之欺誘侮辱。百倍於昔日。夫禮教壓迫。其行爲明顯。而殘暴過甚。社會亦起而加以制裁。今婦女既恢復自由。而以知識心性之不齊。每易爲男子所欺誘侮辱。此欺誘侮辱之罪惡。又率皆幽隱秘密之行爲。婦女以名譽地位所關。往往含恨茹痛。終其身不敢申訴。而婦女愈隱忍。則男子之奸愈售矣。此種事實。不特吾國婦女感受之而已也。歐美婦女地位較高。且受法律上之保障。而除一部分之婦女。能以其權力奴役男子外。其大多數婦女。所受男子之欺誘侮辱。固與吾國婦女同也。要之男女問題。總不出此强者權利之公例。吾於自由戀愛篇。已慨乎言之。故弱女與强男遇。則女必失其應有之權利。而弱男與强女遇。則男亦必失其應有之權利。試思吾國女子。夙以受男子壓迫聞。然遇人不淑。生活於淒風苦雨之中。固不乏其人。而河東獅吼。忍痛於裙帶下。更不知凡幾。此可知制度百變。而事實固未改也。太古母系制度時代。女强而男弱。故男子悉爲女子之奴隸。自經一度革命。而後男女地位互相更變。蓋自父系制度成立以後。而女子乃爲男子之奴隸。今曰男女平等。然則父系制度與母系制度。能否並存不悖乎。如其不能。猶是不平等也。故準世上無平等事實之例。婦女果不甘受男子之壓迫。祇有聯合反抗。奪男子之地位而有之。婦女既轉弱爲强。則今日男子之權利。自可爲婦女所享有。如其不然。男女强弱異勢。禀賦不同。徒眩於平等之虛文。而於實際權利何與哉。最近各報所載。埃及知識階級之女子。開始女權擴張運動。建議政府公布下開法令。以實現彼等之要求。「一既婚男子無論上下貴賤各於其左腕刺染其妻之肖像以作標識二萬一離婚之時須刺染其日期及理由三男子向女子求婚時須先出示其腕而得承認」此種事實似屬駭人聽聞。然平心思之。亦不過婦女自衞之方法耳。故使婦女之知識與能力果已佔有强者之地位。則大勢所趨。自必爲進一步之主張。吾恐雌威所刼。將有甚於雕腕刺像者矣。

吾人於報上常見有大舉捕蝗或滅蠅運動之新聞。夫蝗之以禾爲食料。蠅之由蛆而蛻化。生存所繫。本無害人之心。而人必聲罪致討。一若殺之猶不足以蔽其辜者何也。則强者之權利也。蝗食田禾。蠅能傳染病菌。雖無害人之心。而有害人之事。則捕之滅之猶可言也。若夫鷄豚羊豕之屬。與人無爭。而人類以圖快朶頤之故。日殘殺之而無所顧忌者何也。亦强者之權利也。此猶曰人之於物也。歐洲大戰爭爲歷史上驚心動魄之慘禍。當戰爭之中。互以公理相標榜。而和約訂立。則禍首之罪名。乃加之於戰敗之德國。而協商各國乃以公理戰勝自詡。豈事實果如是乎。亦强者之權利而已。吾見世之主張社會主義者矣。一旦資財充裕。則反對社會主義。又見世之主張無政府主義者矣。一旦爲政府中之重要人物。則置無政府主義於不談。又嘗見世之主張共產主義者矣。一旦擁有私產。則倡滅共反共之說。凡此皆世之所謂變節者也。自吾觀察之。凡世界上所謂公理。皆弱者借爲反抗强者之旗幟。及弱者已强。自必享受强者之權利。而不復計及弱者之地位。此所謂强者之權利。若必加以變節之名。毋乃太過乎。吾固革命黨中之一人也。辛亥以前吾人對於滿清政府指斥其禍國殃民之罪狀。不遺餘力。然民國成立而後。政府之禍國殃民。有爲滿清時代所望塵不及。此豈黨人之罪乎。亦强者固有之權利也。今人於反對政府之時。則力倡青年運動。利用此等血氣未定之工具。以求一逞。及掌握大權。乃主張停止青年運動。論者非之。謂其前後反覆。何以一至於此。然爲此言者。亦未知政治上之作用耳。他人之政府我必反對之。故前之主張青年運動是也。我爲政府。則不欲使他人反對。故後之停止青年運動亦是也。此蓋强者之權利也。吾民苦軍閥官僚久矣。居恆言論。莫不痛責官僚之貪污軍閥之專横。然及其廁身仕途。擁有軍隊。則其貪污無異於所謂官僚。專横不殊於軍閥。此可知弱者之深惡强者。而强者之忘却弱者矣。吾友於此。發爲疑問曰。官僚豈盡貪污之人。子亦歷長一部。何以無貪污之事實。吾應之曰。吾之仕也。不但無特別勢力爲我後盾。且有特殊勢力與我反對。我之不貪不污者。我蓋弱者耳。更深言之。吾在政治上之力。即使不弱而爭奪權利之心理。終較他人爲弱也。吾人閱世不過百數十年。而人情變幻。已覺其無恆。然則拔山蓋世之項籍。及兵敗烏江。錐兮不逝。蘇季子位尊多金。則家族亦肅然起敬。世態炎涼。言之傷感。大抵宇宙內一切物質。皆爲强者而設。吾人苟洞明此中至理。自可以無憾。況世上本無所謂是非善惡。要皆强者之權利。是故地球之上。人事至複雜。宇宙之內。物類至繁賾。然任舉一事一物。而研究其結果之所在。一言蔽之。則强者之權利是也。

世上一切事物。吾皆確認其不能徹底。吾論强者之權利。既如上述。是此種原則。似有徹底之可能矣。雖然强者之權利。謂其原則已確定則可。謂爲徹底則不可。一、則世上誰爲强者。吾人不能得一徹底之答復。人與犬豕較。則人固强者也。一人與數人較。則數人固强者也。推而至一國與世界較。則世界固强者也。地球與宇宙較。則宇宙固强者也。然宇宙之外是否尚有强者在。固無人能徹底言之也。二、强者無永久之地位。强者之所以强。全爲時代與環境所造成。時代與環境一經變遷。則强者轉弱。而弱者轉强。喻如滿清皇帝袁世凱等。皆强者也。革命黨弱者也。然革命終於成功。滿清洪憲終於失敗者何也。聯合多數弱者以與强者抗。則弱者强而强者弱矣。故所謂强者。祇爲一時代一環境之强者。而非徹底之强者也。近年美國科學家旅行蒙古。發見古代動物遺骨。乃知百萬年以前有巨獸一種。身長八百尺。以如此巨大之動物。宜爲地球上之强者矣。然終歸於消滅無餘。此可證强者之不能徹底也。三、權利云者無徹底之解釋。强者自以爲佔有權利。弱者自以爲損失權利。究之權利與人生其利害關係若何。固無徹底之解釋。例如飲食。有人以得中國食品爲權利。亦有人以得歐西食品爲權利。心理不同。則感覺亦異。況禍福倚伏。其機甚微。權利爭持要爲一時肉慾之衝動。必舉世人所謂權利者。一一確定其意義。吾知無論何人。絕不敢作此徹底之語也。要之世上一切事物。本無徹底之可能。凡人爲物境所囿。故有權利之見。唯有權利。卽有競爭。有競爭卽有攘奪殘殺。於攘奪殘殺之中。而强者乃露其頭角。故所謂强者之權利。皆唯物主義之結果也。今人既沈迷於物質之中。而又高談公理。不承認强者之權利。是直自欺欺人耳。

世人解釋公理。每以是非善惡爲標準。我之解釋公理。則以强弱爲標準。自表面言。二者固如冰炭之不相容也。雖然。是非善惡。標準亦至無定。凡人對於一己之行爲。未有不自以爲是爲善。而對於他人之行爲。則必加以惡與非之評論。故人已之間。所謂是非善惡。實無正當之意義。若第三者之批評。似可脫離人已之關係。然人類社會之複雜。常出乎想像以外。其所表現之事實。往往與眞相不符。試證之墨子非攻篇。其所言頗與吾說相合。吾人讀史論世。卽欲加以正當之批評。而苦無所根據。如就發現事實。卽遽下論判。結果亦是其所是非其所非。善其所善。惡其所惡而已。於此而曰公理在是。則信乎公理之無憑也。今人持躬處事。每自詡曰吾必以公理爲依歸。然試問公理又以何爲依歸乎。夫黑白本有定名也。假令十室之邑。九室之人。皆指黑爲白。而一室之人必欲白其白而黑其黑。則九室之人必將加以無理取鬧之稱謂。而此一室之人不能辯也。舉國而尊君。則不臣者爲無理。舉國倡民權則帝黨爲無理。談國家主義則愛國爲公理。談世界主義則破除國界爲公理。要之世界上無論何事。各有其片面之理由。而欲此片面理由成爲合於時代之公理。則非藉强權之力不可。故無强有力之湯武。則桀紂不蒙無道之名。反動之力不大。則英皇查理士法王路易十四未必不受明主賢君之稱號。近如外人侵奪我土地。憑凌我主權。魚肉我人民。其違背公理之事實。不可勝計。然我苟非有强有力之後盾。以與外人周旋。則我仍蒙生番拳匪之名。而公理仍無伸張之日也。要言之公理者。純爲强者之權利。必執是非善惡爲標準。吾亦不反對其說。然能判決此標準者誰乎。亦唯有强有力者能判決之耳。

大抵世上所謂公理。不過與時代狀況偶然適合。而人類處此時代與狀況之下。所感受者亦必不盡同。如曰多數人之意思。卽認爲公理之標準。則孔子有道窮之嘆。耶蘇受十字架之刑。是豈亦公理之所當然乎。自來聖賢多屯躓。英雄易淪落。歷史所載。其例甚多。故多數人之是非。必非眞正之是非。而多數人之知識。又常出乎少數人之下。由是言之。多數人之意思。匪特不能代表公理。且往往適得其反。如曰保全多數之利益。卽不能不犧牲少數。此則以多數之非爲是。以少數之是爲非。公理之意義果如此而已乎。況大多數之人爲少數強者所操縱。故所謂大多數人之利益。純爲欺騙之宣傳。一察其內容。决不若是。故公理之標準。就根本上論。已失去存在之基礎矣。

公理既爲强者之權利。則世上一切事物。祇有强弱之爭。而公理祇成空想矣。然公理名詞。迄今存在者何也。大抵公理存在之要點有二。一社會上不特有公理之名詞。且有證明之事實。二公理名詞無論何時何事何人。皆可假之爲用。其適應於人類社會範圍廣而意義大。惟其有此二要點。故强者可利用之而凌弱者。弱者亦可利用之以抗强者。各有片面之理由。卽可就片面之事實。以證明公理之存在。所惜者其存在之範圍。祇限於片面之人與時與事而已耳。是故謂世上絕無公理。其說固謬。必謂世事皆以公理爲依歸。其說亦謬。無他。公理者不徹底者也。既不能徹底有之。亦不能徹底無之。理本至私。而必稱之曰公。此所以謂强者之權利也。大抵世上事物。自形式上言之。其變遷者無限。而自其精神上言之。則其不變者。固依然存在。是故公理也。强權也。皆不過隨時勢而變遷。若求其精神之所在。則强權卽公理乎。公理卽强權乎。是皆不徹底者也。

第五章　革命

今之所謂新人物。每以徹底革命自負。雖、然革命其可徹底乎哉。易之釋革命也曰「革去故鼎取新」又曰「湯武革命順乎天而應乎人」一而西文革命一字。含有改革與進步之意義。由此言之。革命云者。不外新舊之爭。且含有推翻現在希望進步之意。然新舊進化。皆層衍遞進。並無一定之標準。今日以爲新者。卽他日所指爲舊。今日所謂進化。他日必別有進化之途在。故必探去故取新改革進步之義。則人類一日存在。卽日日在革命之中。而無有止境。近世紀以來。歐人倡民權之說。於是政治革命之運動。紛擾者達百餘年。歐戰發生以後。如俄德奧匈葡萄牙希臘土耳其諸國之君主。皆放逐無遺。此可謂政治革命之極盛時代矣。然一波未平。一波又起。政治革命尚未達圓滿之地位。而社會革命又已風起雲湧。從過去歷史以觀察未來趨勢。吾恐社會革命之運動。其紛擾又必百數十年。顧至社會革命極盛之時。人類之不滿足如故。而他種革命又必繼社會革命而起矣。是故革命者最不徹底之事業也。今人乃囂囂然曰徹底革命。殊不知世上無徹底之事。而革命爲尤甚。人亦有言曰。「天下許多罪惡假借自由而行。」一何言之痛也。今之假借革命以濟其罪惡者。滔滔皆是。此豈革命之流毒乎。我謂世上所謂政治問題。社會問題皆非重要問題也。重要問題者何。生活問題而已。種種問題。大率因生活問題而起。故官僚政客帝制黨。當其得志之時。

反對革命不遺餘力。一旦窮乏。乃不惜降志辱身。列名於平日所反對之黨籍。且爲表示忠誠起見所持論調。較之以主義結合者爲尤激烈。夫以是等人而主張革命天下事可知矣。近人倡全民革命此固徹底革命論之一種。美其名曰全民。所以示大公而徼虛譽也。然全民皆有革命之智識與能力。則衆生平等何須革命。退一步言之。全民而皆能革命。亦非此少數革命黨之利。而少數人主張。又未必能代表全民之公意。若全民革命依然爲少數人所號召。其非全民之意思可知。袁世凱叛國稱帝。藉口於國民公意。今少數人以生活問題之故。亦以全民革命爲途徑。抑何袁世凱之多也。袁氏九原有知。當亦喜吾道不孤矣。

自工業革命而後。交通事業日益發達。祇此一端。人類已受益非淺。然此特就物質上言之耳。京漢鐵路未完成以前。吾人由漢至京以馬代騾步爲期數十日。可謂苦矣。然人生在世。上壽不過百年。終歲形役。自以爲得及一棺附身。則萬事俱了。試思交通利便而後。所贏餘之時日。適足以增心力之勞瘁。使人人皆以公共利益爲主。則分陰自不可不惜。顧芸芸衆生。風塵奔走。小之祇爲個人衣食計。大之亦爲妻室子孫計。所謂公爾忘私。吾聞其語矣。未見其人也。甚者以一身富貴利達之故。不惜百計千方。以陷多數人於死地。故交通愈便利。愈足以濟此輩之奸。而無形中受交通利便之害者。正不知若干人耳。民國以來。內爭迭作。人民處水深火熱之中。咸有時日曷喪之痛。假令鐵路交通。全未開始。則戰禍蔓延。斷不如是其速而廣。新彊一隅。至今尚稱樂土。非交通梗阻之故。必已同淪浩刼矣。況乎殺人之器。精益求精。而新發明之物品。直接間接。在在均爲助長殺人之具。故工業革命。受益者固限於物質一方面。進而研究之。則物質上受益云者。所益不過一而其害直千百。孟氏之言曰「明察秋毫之末而不見輿薪」吾人徒炫於物質之新奇。此亦不見輿薪之類也。若由精神方面言之。例如鐵路未通以前。由漢至京。征途僕僕中遍覽名山大川之勝。周知風俗習慣之殊。所見所聞。未必無補於學問。吾人每於休假之日。尚欲游行村野中。藉以稍舒腦力。可知徵逐生活。實不適於人類之健康。即如電報傳達消息。吾人不能不贊其敏捷。然喜信愈速。其喜不久。惡息愈遲。痛苦必減。姑舉一例。如科舉時代。秀才望榜。當榜未發時。凡屬秀才皆有舉人之希望。及榜發後不幸落第。勢必有不快之感。即幸而中式。所謂得意者。不外忙於酬酢奔走耳。富貴浮雲。轉瞬即逝。事過境遷。亦復味同嚼蠟。夫希望者人類生存之具。人人有希望。日日有希望。此希望將達。他希望又來。故爲心理之安慰計。凡處於正在希望之中。必勝於希望已至之後。況失望之事。恆較得意之事爲多。與其急求得意。轉成失望。不如常在不失望中之爲得也。由此觀之。通信敏捷。電報之益也。然人類之精神上。則往往受電報之苦。其事實甚多。不勝枚舉。即以物質言。舊式郵遞。多由驛站。兵部之八百里加緊文書。已屬急如星火。然因是而用兵殺人。正多猶豫時間。若電報則朝發午至。禍變之來。無思患豫防之法。卽此一端。可知其爲害之烈。電報如此。其他交通事業更可知矣。不特此也。工業革命適以惹起貧富之爭。洪水猛獸。方興未艾。早知如此。後悔何及乎。

革命如藥物中之下劑。醫者所不能不備。而非可常用者也。人生在世。苟一息尚存。卽資飲食以維持其生命。及飲食失宜。則胃腸壅滯而疾作矣。善醫者以下劑藥之。滌蕩宣暢之後。必有神清氣爽之感。此下劑之効也。然謂下劑治疾。疾可徹底痊愈。而永不再發乎。無是理也。人既日日飲食。卽日日可以致疾。因飲食而致疾。疾愈而飲食如故。其足以致疾也亦必如故。革命亦猶是也。凡物不得其平則鳴。多數人不得其平。則革命之禍作。然革命之後。人類仍各發揮其慾望。則不平之事實繼續存在。卽革命之種子依然潛伏。野草燒不盡。春風吹又生。人苟明乎此。則徹底革命之說。可不攻自破矣。我人遭逢亂世。屈處水深火熱之中。日之所思。夜之所夢。無非想望太平之盛治。吾生四十餘年矣。十齡以前未知人事。十齡以後。適逢甲午之役。士大夫悲國運之衰頽。婦嫗感米珠薪桂之痛。望治之心與日俱長。然而人愈望治而世愈不治。辛亥之役。清帝退位。改建民國。此非少數黨人之力。而全國人心思治之結果也。民國肇造十六年於茲矣。紀綱紊亂。兵匪橫行。民不聊生。於斯爲極。一溯辛亥以前之狀況。幾如白髮宮人談天寶故事。令人悲從中來。不堪回首矣。亡清遺老。蒿目時艱。每一論及。必謂推翻清室之革命黨。其罪直上通於天。我亦當時革命黨中之一人。今革命所得之結果如此。亦豈初心之所及料。誰生厲階。至今爲梗。人言可畏。咎豈能辭乎。然我思之我重思之。我革命黨固無罪也。何也。革命本不能徹底也。世人方主張徹底革命。我乃曰革命不能徹底。得毋我亦所謂反革命者乎。非也。我固革命之過來人。向未因一己之私而主張革命。亦不肯因一己之私而反對革命。惟知革命之不能徹底。故不能貪革命之功。亦不能任革命之咎。惟知革命之不能徹底。故不妄主張革命。亦不能反對革命。我非圓滑取巧之人。而此言又非模稜兩可之論。蓋革命本不徹底。我無罪焉。

孟子之言曰。「天下之生久矣一治一亂」我讀書至此。未嘗無疑焉。孟子者大政治家也。其言曰「以齊王猶反手也」又曰「當今之世舍我其誰」故使梁惠王齊宣王之流。舉國以聽。則德之流行速於置郵而傳命。仁政所及。民被其澤。耕田鑿井之流。日出而作日入而息。將永不知亂世爲何物。今曰天下之生久矣一治一亂。賢如孟子。行仁政而王天下。而終不能使一治而不復亂。是則仁政亦有窮期。而一治之後仍不免於一亂矣。然而孟子之言猶有未盡也。我引而伸之。凡治亂之理。亂者其常。治者其變也。辛亥以前。人各有厭亂思治之心。民國改造以後。人之厭亂思治如故。今民國十六年矣。時會遷流。未知伊於胡底。而人民厭亂思治之心。固無殊於辛亥以前也。由此推之。卽十年百年千萬年以後。吾知人類厭亂思治之心。必仍如故。吾人生當亂世。每緬懷唐虞三代之治。然我恐唐虞三代時之人。

其厭亂思治之心●未必不與吾人同也●後之視今●亦猶今之視昔。我人自以生當亂世爲不幸。而孰知不幸之後人。又將爲我人幸乎。

革命者不過人類變更生活之方法。而非能徹底解決人類之生活問題。故勞心勞力。生活不同。所變更之目的。亦絕不齊一。而革命之起因。要皆人民不安於現在所致。無論篝火狐鳴。與夫假借政治社會之大題目。方法則隨時勢以轉移。而變更生活之主旨。固無不盡同也。今者共產黨人方急激奮鬥。以實行其世界革命之計劃。歐美資本主義之國家。防遏共黨固甚嚴密。卽非資本主義之中國。而共黨之遭受殺戮者。更時有所聞。夫人類因不滿於現在之生活。故有革命運動。共產主義尤與生活上有直接關係。故欲消弭共產黨之暴動。惟有使社會經濟。趨於比較平均之一點。若政治既逾常軌。失業人數日益增加。而猶欲以殘殺政策。防止共產黨人之革命。是所謂抱薪救火。薪愈多則火愈盛而已。雖然如吾之說。社會經濟果比較平均矣。然世界革命果能永遠消弭乎。不能也。卽世界革命成功之後。而人類因變更生活之故。亦必有起而革共產黨之命者。語有之「凡所難求皆絕好。及能如願又平常」人類心理。率厭故而喜新。一切事物莫不皆然。豈特革命而已哉。蓋人類生活既無徹底滿足之方法。故生活之變更。自不能不受時代與環境之支配。吾友嘗以共產黨問題徵求我之意見。我答之曰。姑舍是。吾與子論藥。今試入觀偉大之藥房。藥品雜陳。凡酸甘苦辣之味。有毒無毒之品。應有盡有。無不具備。然必任擧一藥詢我之贊否。我必無以答也。何也。凡藥無不良者也。然某種藥治某種病乃良耳。非一藥可以治百病。又非百病可任服何藥也。況藥雖極良。其效亦不過治一時之病而止。海上無神仙。何處求不死之藥。九轉丹成。亦豈能使吾人與天同壽乎。大抵局外評論。必能洞中肯綮。而局中措施亦無非根諸事實。彼懷抱私心互相攻擊爭奪者。姑無論矣。卽抵抗動機。不在乎個人權利。而局中局外。易地以處。未有不皆然者也。蓋主張革命皆局外之理論。革命之後。局外者已身居局中。一切行爲往往拘牽於事實。故平日所持爲號召之理論。每不能使之完全實現。然此中情況。未易邀外人諒解。當局者雖在困難之中。而局外不平之聲已起矣。要之昌言破壞。其勢甚易。努力建設。其道正難。且時勢遷移。則心理更易。革命目的。遂無一定標準。今當民主政治發展極盛之時。而俄意專制政治。勃然以興。吾國革命中人。曩日主張民主政治。反對專制惟恐不力。近則見異思遷。公然爲專制政治之主張。由此觀之。前進後退。皆得自附於革命之林。循環反復之結果。吾恐不及百年而帝政復興。將成事實。卽勞工專政。亦必有盛極而衰之日。況利害之見全屬片面。得利於此者必貽害於彼。利害相因。其數適成比例。故革命之爲功爲罪。絕非一時間一方面所能論定。嗟夫世有英雄豪傑。此天下之所以多事也。

人口問題爲亂源之一。晚近歐美學者。著書立說以求解決之方法。故節制生育之論乃應時而起。我嘗讀八比文。其中有言曰「天地有舒而無慘則古今來不勝生齒之繁」可知八股先生之知識。並不在歐美學者下也。夫四時之序成功者退。春秋代謝寒暑互乘。人類生齒日蕃實爲殺機之表著。水火風雷皆自然界之刀斧。然殺機猶未已也。人口滋生。每覓地作尾閭之宣洩。故地方之界限。國家之界限種族之界限。在在皆爲革命之導火線。巴爾幹半島之爭。引起世界之大戰。而民族革命社會革命之禍作。反視吾國軍人擁兵爭攫地盤以自養。其結果如何可以逆覩。詩曰「民亦勞止汔可小康」歷史所載。凡大亂之後必可小康。蓋人口減少則爭奪之風稍殺。非眞治也。亂極而不能繼續耳。歐戰以後。德法諸國。咸以奬勵生育爲政策。可知國界未泯。則人口問題必無解決之法。所謂生育節制。徒供茶餘酒後之資料耳。不特此也。人口問題之外。則人性問題尤關重要。凡屬人類各具獸性。故强凌弱。衆暴寡。自私自利之劣行。實與生俱來。循環報復。乃有互相革命之慘禍。此中盈虛消息之理。我人智力有限。又豈足以語徹底解決乎。吾生有涯。而宇宙無涯。人類無盡。卽革命無盡。白居易長恨歌曰「天長地久有時盡此恨緜緜無絕期」我得改易其詞曰。天長地久有時盡。革命緜緜無絕期。

第六章　羣衆運動

羣衆運動所以表示多數人之意思。促他方之反省者也。在昔專制時代。集會有禁。結黨有禁。講演有禁聚衆有禁。一人發號施令於上。人民俯首聽命於下。天王明聖。臣罪當誅。積威所刦。民意何從表示。此羣衆運動所以不容於專制之世也。顧法網愈密。則罅漏亦愈多。禁令雖嚴。而羣衆運動。恆十年數十年而一見。他國勿論。我國則自古有之。如罷考罷市。亦羣衆運動之一種。大抵羣衆運動。有積極與消極之不同。積極則以推翻現狀爲目的。含有革命之意味。消極則以維持原狀爲目的。含有乞求之意味。故同一羣衆運動。而性質各不相同。我國人富於保守性。非至萬不得已時。必不肯輕於破壞。如罷市罷考。雖爲反抗官吏之表示。而對於君主實爲一種痛苦之乞求。此種羣衆運動。爲偏於消極一方面。人民憔悴於虐政之下。至於忍無可忍。則一夫夜呼亂者四應。此種羣衆運動。爲積極抵抗之表示。亦即爲革命發難之初期。歷朝變故多由於此。自政治革命之說倡。而歐而美而亞隨風披靡。於是羣衆運動。乃認爲人民應有之權利。除有妨碍治安之行動外。法律上不加以制裁。故集衆講演游行示威。徵之各國皆屬司空見慣之事。至於同盟罷工聚衆暴動。此則含有積極抵抗之意味。歐戰以後。各國政府同感應付之困難。而潮流所趨。漸有滋蔓難圖之勢。我固主張民主政治之一人。對於羣衆運動。豈肯作非難之論。然年來觀察所得。乃發生疑問者有數點。

一羣衆運動。自表面言之。似爲公共之意思自實際言之。則主動者亦不過少數人。而盲從附和者居其大多數。我國人每以自了爲主。所謂「各人自掃門前雪莫管他人瓦上霜」此種心理。牢不可破。而亦因久處專制之下。各以苟全性命爲幸。凡稍涉危險紛擾之事。無不避之若浼。辛亥以後國體改建。人民權利既爲法律上所賦與。宜可以仰首伸眉論列是非。乃喜靜惡動之故態。依然未改。故內政外交苟發生重大問題。人民既不能無所表示。而爭議者乃多爲無足輕重之團體。發動者又多不知名之人物。固曰人民知識幼稚。未能了解小己大羣之關係。然歐美日本其人民程度當在我國之上。然每次羣衆運動。謂皆爲大多數人民所參與不得也。况羣衆而皆有聯合運動之知識與能力。則政治問題社會問題。早已得正當之解决。又何必借名運動。但求表示意思而已乎。大抵人心不同各如其面。而境遇學問性質亦至不齊。我國之羣衆運動。其中堅人物固限於教習學生勞動游民四種。而一考之歐美各國。其所謂羣衆運動之人物中產階級以上者若干人乎。中等職業以上者若干人乎。有專門學業者若干人乎。此猶曰一部分之有產階級非大多數之人民也。然羣衆運動多在都會。而都會一部分市民能代表鄉村大多數之農夫乎。我不敢謂歐美日本之羣衆運動。亦如我國衆議院前之公民團。天安門之國民大會。所謂公民國民。多以三五毛洋代價雇用而來。然除少數主動人物外。其偶趁熱鬧及盲從附和者。恐占其大多數也。故凡羣衆運動。必爲少數人所主動。而決不能使大多數人參與。至於大多數人民之眞正意思。是否以羣衆運動爲表示。則因事實之性質而異。例如國家主義今正風靡一時。外交問題每易誘起人民之情感。故如法之對德問題。我國之對日問題。最近如上海五卅案件。凡此「羣衆運動」皆因外交問題而發生。而外交上問題。又爲全國人民所注意。故此種羣衆運動。雖非大多數人民所參與。亦不能謂非代表大多數人民之意思。而大多數人民。其表同情於此種羣衆運動可無疑義。雖所謂外交問題。往往爲少數人所利用。而利用之結果。則視外交之性質以爲斷。苟非全國人民所注意之問題。或利用不得其當。則大多數人難表同情。而與主動者之心理。常背道而馳。此非羣衆運動之失敗。而主動者之政策失敗也。要之羣衆運動者羣衆其名。少數人其實。無論用得其當可以造成一致之輿論。用失其當。徒加社會以危害。而一言蔽之。羣衆非能自運動也。不外少數人操縱之結果耳。

二羣衆運動。自表面言之。似爲大多數人之利益。由實際言之。則純爲少數人之利益。大凡羣衆運動。必有目的。此目的卽爲羣衆之利益。然羣衆之利益多非少數主動人之目的。故羣衆運動。往往目的未達。而少數主動人已得莫大之利益。各國當局每借外交問題。使人民目光移注於外。而一黨之政治地位。乃藉以保存。此種手腕。爲各國政治家所常用。卽如民國十四年五月。臨時執政已瀕危殆之時。適五月三十日上海發生事變。政府乃利用時機苟延殘喘。故五卅案件久懸不決。而享受五卅之利益者已大有人在。又如抵制日貨。固全國人民一致之意思。然他國洋行之買辦。主張排日尤力。此可見羣衆運動。羣衆未必受其益。而別有會心者已滿載而去矣。大抵巧取豪奪之策。因利乘便之人。古今中外。如出一轍。故陳橋兵變。黃袍加身。亦即羣衆運動之一種。今人假借民意藉羣衆運動以達其一種之目的。其方法雖不同。而巧取豪奪因利乘便。其主旨固無以異也。古之所謂民賊。今之所謂良臣。此豈社會進步之現象乎。又如同盟罷工。本勞動者之武器。然鼓吹罷工多非勞動人物。此可見羣衆運動。羣衆自羣衆。運動自運動也。顧羣衆雖可爲少數人所用。而非得一重大題目。表面上與羣衆有密切關係。則羣衆亦未必爲少數人所用。大抵專制時代。羣衆運動。多出於羣衆之公意。蓋刀鋸鼎鑊之下。投機者必不敢輕於嘗試。其肯冒險奔走者。大率激於公憤。乃置身家性命於不顧。故昔之罷考罷市。雖主動者亦爲少數人。而比較上羣衆實享其益。自政治革命以後。投機者反得託庇於法律之下。使羣衆爲羊他方爲屠伯。而已則坐分其杯羹。若而人者其心直不可問矣。然謂羣衆運動。可以根本廢除乎。不能也。羣衆運動雖爲少數人所操縱。而羣衆有時亦受其益。人情恆畏事。苟無此少數之投機者。則人民意思。亦無從表示。故夫羣衆運動者。非羣衆運動也。然無羣衆運動。則羣衆運動之効不著。

三羣衆運動可以利用一時。而難於繼續支持。蓋名曰羣衆。人人得自由加入。合各種境遇不同學問不同性質不同者。而使之同出一途。其始不過爲客氣所乘。感情所動。及自身問題發生。勢必至中途變志。故除積極之羣衆運動。利用時機以遂其革命之目的外。其他消極之羣衆運動。既不能事前組織。亦不能豫爲訓練。臨時集合之羣衆。人數一多。品類必雜。故歐西工人團體。組織頗稱完備。而當同盟罷工之時。亦往往發生暴動。大抵羣衆運動之發起。本爲少數人所操縱。及範圍擴大。則非少數人所能收拾。我嘗目覩所謂羣衆運動者矣。各校出一部之教職員。率領若干學生。各團體之幹事。率領其會員。加之無業游民青年喜事之徒。紛紛加入。游行示威之後。集合數千人。開會於空曠之地。三數人大呼曰某也主席。環繞者亦和之。主席提出反對某人或某事或某國。三數人大呼曰反對。環繞者亦和之。實則十尺以外之人。但見台上之主席。其口忽開忽合而已。所謂贊成反對通過云云。十尺以內之人始知之。十尺以外之人不知也。然而報上宣傳則曰是日在某地開會。到者若干萬人。推舉某某爲主席。通過某案反對某案。孟子曰「盡信書不如無書」報上所記，羣衆運動。多張大其詞。而孰知其眞相乃如是乎。若夫以羣衆運動始。而以殺人放火刼掠終。援我雖不殺伯仁。伯仁由我而死之例。主動者之肉其足食乎。

我就以上數點而加以論斷。則羣衆運動不徹底者也。如曰羣衆。則有羣衆之名而無羣衆之實。如曰促他方之反省。則虎皮蒙馬之伎倆。掩耳盜鈴之拙計。徒貽他方笑耳。豈足以促其反省乎。如曰外拒强權。則內力充足外患自息。苟上無道揆下無法守政治紊亂。生民怨苦。而惟聚此無意識之羣衆。呼號市上。是示人以弱耳。抗拒云乎哉。語曰「凡有謀人之心而使人知者拙也」。越王句踐經臥薪嘗胆之奮勉。乃成沼吳之功。今有句踐之雄心。而無句踐之毅力。徒欲虛聲奪人。是眞以國事爲兒戲耳。愛國者必不如是也。如曰內除國賊。則法治國家。人民應受法律之制裁。凡犯內亂外患罪者。國有常刑。固無須乎羣衆運動。而國賊始除也。若法律無効之國。則結合同志聲罪致討。堂堂之陣正正之旗。革命可也。何必驅無辜羣衆於危地。而退藏幕後乎。如曰推翻資本主義。則實行階級戰爭。造成社會革命可也。如欲借羣衆運動。冀收破壞之効。非隔靴搔癢。卽癡人說夢耳。庸有濟乎。凡此種種皆不徹底者也。乃今人常用此不徹底之政策者何故。豈明知其不徹底。而故用之歟。抑所謂祇求達目的不擇手段歟。

第七章　輿論

輿論者民意之所表現也。然民意之表現。以何方法爲依據。如曰報章所論列。卽爲民意之表現。而今日之報章。多爲一黨一派之機關。既有所私。則宣傳鼓吹。皆別有作用。若認之爲輿論。適墜其術中耳。若大人先生之言論。未嘗不傾動一時。然由善意言之。固有引導羣衆之功力。由惡意言之。祇爲個人投機之途徑。凡此皆非民意之所表現也。市井流言。私室談話。是甲非乙。左丙右丁。羣言淆亂。無所折衷。方且聚訟紛紜。更豈能據爲輿論乎。大抵輿論云者。世上僅有此種之名詞。而無此種之事實。卽有近似之事實。而其不完全則一也。古人謂民之所好者好之。民之所惡者惡之。此非今之所謂尊重民意服從輿論者耶。然民之好惡。不特知之維艱。而耕者欲雨。刈者欲晴。千萬其人則千萬其心。一部分之意見如此。他部分之意見又如彼。是則所謂輿論。其標準何在。古人言國人皆曰賢然後用之。國人皆曰可殺然後殺之。所謂刑賞之權操之輿論也。雖然國人至衆。勢必不能使之一致。卽使大多數之人所言如此。而一部分之人所言又如彼。律以國人皆曰之旨。仍有未符。謳歌於通都大邑之中。必更有痛罵於窮鄉僻壤之內。於此而求輿論。輿論又安在哉。

輿論之爲物。不外威迫利誘之結果。藉曰不然。羣衆之中。感情衝動者多。研究事實者少。故執輿論以別是非。每不得其途徑之所在。就吾所見。年前拒款贖路之主張。成爲比較一致之輿論。然粵漢鐵路本爲美公司所承辦。以輿論反對之故。乃廢約自辦。自收回而後。迄今二十餘年矣。股東血本幾付烏有。粵湘通車告成無日。早知如此。何不稍爲審愼留此有用金錢。收贖於全線開通以後乎。昔之借款築路。輿論認爲賣國喪權。今則歡迎外資修築鐵道。又爲輿論所贊同。然則前日之輿論是乎。今日之輿論是乎。吾敢斷之曰無是非也。非輿論之無是非。實無所謂輿論也。彼拒款贖路固所見不廣。而歡迎外資亦等於飲酖止渴。所謂輿論之贊否。純屬一時情感之衝動。而隱若有所謂輿論之母者操縱於其間。試觀商業上之證券交易所。常有無價値之證券。而顧客爭相購買。亦常有極安全穩妥之證券。而市上無人過問者。故入交易所以求市場上之輿論。則此一時之輿論固可以代表此一時之現象。然謂能完全代表全部之事實則謬矣。此無他。輿論自輿論。而所以使之成爲輿論者。固大有人在也。

當國家主義極盛之時代。苟執無論何國人而謂之曰。汝不愛其國。鮮有不以惡聲相報者。由此言之。愛國云者已成世界上一致之輿論矣。然豈輿論本身之力哉。被動而已。歐美日本之人民。其國家思想之發達。大致相同。嚴格以比較之。則美不如日本。此豈國民之知識有高下乎。非也。蓋處境有以使之。易地則皆同耳。故就輿論以求是非。則是非不可得也。民國元二年間。非袁莫屬之言。幾爲一致之輿論。議員搗亂。何國蔑有。而輿論仇視國會。牢不可破。此種事實。正吾所謂一時感情衝動。而不可以理性解釋者也。民國八年。江蘇省教育會嘗致電徐世昌。首稱徐大總統鈞鑒。電文則痛駡安福國會之惡行。請解散之以謝國人云云。夫徐大總統者何人●非法國會選出之大總統也。既承認爲合法之大總統。則此非法國會自應母以子貴。乃電請所謂大總統解散其所自出之國會。是不特殺母留子。且唆子以弒母矣。況乎解散國會之權。絕無法律上之規定。摧殘立法機關。尤足破壞憲政之基礎。故安福國會無論如何惡劣。在護法政府中人根本反對其存在可也。若在擁戴安福政府之下。而反對安福國會。此則離奇顛倒。不可以法律解釋之也。夫以江蘇爲全國文化之中心。全省教育會又爲全省文化之機關。自應引導羣衆。使趨法治正軌。乃其所持論如此。而輿論對於如此等電文。亦隱若爲一致之贊助。試以法理解釋之。則此種輿論是乎非乎。人類者富於感情者也。百人之中有觀察力與判決力者。每不得其一二。黠者謀於國際上政治上社會上經濟上。發揮其個人之慾望。於是利用人類之弱點。以製造一種利已之輿論。姑舉其一例。各國政治家之宣佈政策。必以服從輿論爲號召。實則所服從之輿論。卽其自身所製造之輿論也。大抵人類心理。多苟安而畏難。故頭痛醫頭。脚痛醫脚。此種觀感。實盡人而皆同。苟乘機以應用之。卽可造成利已之輿論。語曰「因民之所利而利之」輿論云云。如斯而已。

孔子謂鄉愿德之賊也。夫一鄉皆稱愿人。則輿論之尊崇可知矣。而孔子必斥爲德之賊。吾初不解其故。今中述輿論發生之理。而後知所謂鄉愿者卽能製造輿論之人。而爲孔子所深惡者也。夫觀察與判決爲評論之基礎。今之所謂輿論。皆無觀察判決之基礎。微特其評論之要點。非自然發生。卽因一時情感衝動。亦爲不徹底之輿論。吾故曰無輿論者。此之謂也。古來聖賢英雄豪傑。往往利用輿論以立大名建大業。卽小之如舞台上之伶人。電影之演員。苟非設法運用。造成利己之輿論。則雖藝術如何優美。而結果必終於失敗。此類事實甚多。固隨在可以舉證者也。然如達爾文之流。冒犯輿論之大不韙。終得發明新理。爲人類進化史尋出一新途徑。是知服從輿論者未必是。而反抗輿論者又未必非也。此所謂不徹底也。

第八章　平民主義

現世有一極新穎極普通之名詞。大則國家之重。小則衣服飲食之微。而此名詞均可爲遇事投機之用。名詞爲何。則平民主義是。

平民主義之意義。自來多所論列。而時代不同。因適應於發現之事實。故解釋更爲嚴謹。要言之。純粹之平民主義。其主要目的。端在乎推翻政治上經濟上社會上一切之特殊階級。重言以伸明之。凡政治上經濟上社會上。苟容有特殊階級之存在。卽非平民主義。抑不特政治上經濟上社會上而已也。地方與地方之間。國家與國家之間。民族與民族之間。苟一方面恃其特殊之勢力。壓迫他方面弱小者之自由。侵害他方面弱小者之權利。凡此種種。卽所謂專制主義。所謂帝國主義。所謂大某某主義。皆平民主義之敵也。

凡有特殊階級者。卽非平民主義。凡主張平民主義者。必先廢去特殊階級。然談何容易哉。今有人於此。以平民主義爲號召。以特殊勢力爲後盾。固未嘗不囂囂然曰。實行平民主義。非廢除特殊階級不可。實行廢除特殊階級。非有特殊勢力爲後盾不可。其言似是也。特殊階級爲平民主義之敵無論矣。然特殊階級廢除之後。此特殊勢力能否隨特殊階級以俱去。抑此特殊勢力。一轉移而成爲特殊階級。考之過去歷史。觀之近代戰爭。大抵事實所發現。則以後說爲近。夫特殊階級之意義。極爲廣博。就現代中所耳聞目見者。任舉一事一物言之。均覺有特殊階級之存在。故吾人於此情狀中。必主極端之平民主義。則不特民族上國家上地方上政治上經濟上社會上之舊制度。無存在之理由。即人生日用一器一物。亦非全行更易不可。吾人所以不作極端論者。正以平民主義之精神。斷不如是其渺小。其遠者大者固正自有在也。是故一特殊勢力既去。他特殊勢力又來。舊特殊階級既廢。新特殊階級又生。則所謂平民主義者。僅與特殊階級成一對待之名詞。且不過階級戰爭中資爲一種號召之憑藉。而平民主義之本身。固無有徹底之日也。

今試問人類生存於世界之上。能否舉一切法制命令而消滅之。如曰不能。則法制命令無論善惡。無論新舊。而階級卽隨法制命令而生。故法制命令苟一日存在。則平民主義卽無徹底之可言。政治革命。由君主而共和。宜若可稱爲平民主義之實行矣。而特殊階級。其存在固自若也。一國政治之大權。操之於無產階級之手。宜若可稱爲平民主義矣。而特殊階級。其存在又自若也。盧索所著民約論。謂社會組織不外兩點。一自然社會。一契約社會。自然社會者何。人類當文化未啓之時。社會絕無組織。凡年富力强之人。均有絕對之自由。而不受任何人之約束。此所謂自然社會也。契約社會者何。人類生存必有與立。而羣成焉。人類不安於自然社會之狀態。而羣之組織起。羣者合各個人而集爲一總體。其組織要素實有一種契約存在。固不必問其契約爲成文爲不成文也。總體成立。則此總體之意志。卽發生一種之權力。而個人意志不能不受此總體意志之約束。此所謂契約社會也。由上二說而言。則平民主義不特精神上不能徹底。即平民主義之名詞。仍爲不徹底之名詞。何以言之。夫民之名詞。因有國家有政府而起。在國家與政府未發生以前。此芸芸衆生。祇可稱曰人類。不能名之曰民也。今人誤認平民主義。爲人民有絕對無限之獨立。抑知既名爲民。即承認契約社會之說。個人意志完全在國家統治之下。此國家雖爲個人之集合體。而必不能使人人皆執行國家之職務。故統治之結果。治人者少數。而被治者必其最大多數也。政體有種種之不同。個人表示意志之方法亦至繁雜。然千萬人之意志。必不能强而一之。猶之百十人必不能代表千萬人之意志也。專制時代。個人無表示意志之自由。固無論矣。然謂個人能表示其意志。即謂之曰平民主義不得也。此被治者之最大多數人爲平民。則此治人者之少數人必爲特殊階級。故政治無論何種制度。即美其名曰政府爲最多數國民所組織。實則此多數國民爲少數人之機械耳。靡論犧牲多數人之自由幸福。以成少數人一時功名。其心不可問。進一步言之。凡懷抱不合時宜之理想。以多數人之自由幸福。供少數人之試驗品。及試驗失敗。一誤再誤。少數人即欲窮途思返。而多數人已焦頭爛額矣。此而曰平民主義。平民其願受此美名乎。吾人生在契約社會之時代。所孜孜以求者。祇在乎個人有表示意志之自由。若必曰民民皆平。恐烏託邦外無此國家也。如必主張個人有絕對無限之自由。是則復返乎自然社會之舊。而非契約社會時代矣。夫自然社會時代。既無組織。亦無法制命令。民之名詞既未發生。平不平云者於何存在。是故人類在國家之統治下。無論民權如何發展。謂之主權在民可也。謂之平民主義不可也。反乎此個人不受社會之約束。則謂爲自然人可也。謂爲平民主義不可也。

前人之說部筆記中。所載騙案不少。雖鋪張揚厲。不無過甚之處。而離奇詭妙。亦足供茶餘酒後之資料。顧騙術所以得售。必挾利或色以俱。好利者誘之以利。好色者誘之以色。是故騙術雖工。而與不貪不淫者遇。則有術而必無所施。人類者富於感情之動物。甘言已爲兩耳所願受。況動以本身利益之關係。苟非理性明晰之人。其不深墜術中者鮮矣。世上所謂聖賢英雄豪傑皆大騙子也。挾其術以愚人。人若甘受其愚而不悟。則聖賢英雄豪傑之能事畢矣。平民主義者餌也。人民感現在地位之不平。忽聞有平民主義出。其冒險阻艱難以赴之。人之情也。然而一時代之聖賢英雄豪傑未去。而他時代之聖賢英雄豪傑又生。此平民主義至皷吹極盛之時。他種之平民主義又乘時而興矣。嗚呼不徹底之平民主義。

第九章　社會主義

吾論平民主義。而末段以騙術喩，蓋主義之名甚美。其實皆世人假借之具耳。人類自有史以來。所發明之主義甚多。而騙術之巧妙而廣大者。以社會主義爲最大抵主義之種類。固甚繁雜。而主義之要素。不外兩種。則精神與物質是已。故以道德範圍人類之身心。此爲精神上之主義。若以利益誘起人類之慾望。此爲物質上之主義。哲學上向分二派。一爲唯物主義。一爲唯心主義。此實爲一切主義之原祖。然唯物唯心因所見不同。斯立論互異。而人類生存。各具無窮之慾望。唯心主義偏於消極。與人類向前猛進之心理。根本上不相符合。顧前進之結果。利與害必相因而至。久而久之。利一而害百十。至窮途思返之時。人類已痛深創巨矣。社會主義者。人類前進之結果。亦即變相之後退方法。蓋自唯物主義風靡全歐以來。人類之物質慾。乃與時俱增。而物質發達之結果。人類日用生活之所需。益感缺乏。論者認爲此種狀況。純因生產過剩。分配不均所致。於是社會主義乃應運而興。由理想一方面言之。固以爲社會主義實現而後。當能舉一切不均者而悉均之矣。此徹底之論也。自事實審察之。社會主義者。不過欺騙時代之名詞。又豈能使不均者而徹底均之乎。夫主義者不必徹底者也。社會主義者不能徹底者也。何以言之。主義者因時代與環境之需要。遂爲一種號召之資料。試觀歷史所載。凡有非常舉動。無論爲纂弒爲攘奪爲殘殺。莫不假借名義。

措詞嚴正。蓋非此不足以自文其非。亦非此不能博取世人之贊助。故湯武革命。而以弔民伐罪爲名。滿淸入寇中夏。而曰爲明帝復仇。近世歐洲大戰之原因實起於巴爾幹半島之爭。而協約各國。必放言高論曰爲公理而戰。爲人道而戰。可知宣傳爲一事。而事實又爲一事。昔施耐庵作水滸傳。所述梁山泊人物。日以殺人放火爲生活。而其所以號召者。曰替天行道。夫明明殺人放火。而必曰替天行道。後之讀水滸傳者。或不免發生一種之駭異。殊不知一部十七史。已爲施氏描寫盡致。爲問自古以來。所資爲號召者。非皆替天行道之類乎。所謂功名事業者。非皆殺人放火之成績乎。充類至盡。則家人婦子之間。日用飲食之微。皆作如是觀可也。堯舜之聖。孔孟稱之。然堯舜之道。近不能化及子弟。遠不能使人民享長治久安之福。孔孟倡仁義。其理甚正。千古不易。然使東周可作。天下已王。仁義治國。亦可謂躊躇滿志矣。然一傳再傳之後。仁義之效力。未必歷久而常存。況人類心理。每每見異而思遷。仁義之說。雖爲人類所不可須臾離。而率由既久。亦必召一部分人類之訾議。夫以堯舜之道。孔孟之仁義。而猶不能徹底。況其他主義。不過一種裝飾品。迨事過境移。則此種假面具。自可視同敝屣。若必執其號召之主義。以衡其表現之事實。是所謂儒生俗士不識時務者也。是不知主義之作用者也。此主義不必徹底之說也。世上人類貧乏者多而富厚者少。失意者多而得意者少。無知識者多而有智識者少。自來政教風俗之變遷。皆少數人倡之於上。而多數人盲從於下。故號召之是非。切身之利害。少數人知之。多數人不知也。社會主義者。欲一反前此少數人壟斷之舊習。而使大多數人民直接明瞭切身之關係。故其所揭櫫之主義。極簡單而淺近。其所宣傳之利益。又爲下愚所能領會。故方法之巧妙。範圍之廣大。自有所謂主義以來。未有高出於社會主義者也。夫人事不平。社會不均。至今已極。使社會主義。能使不均者而徹底均之。能舉不平者而徹底平之。是人生最難解決之問題。乃得有徹底解決之方法。而社會主義實行之後。胥世界而爲樂園。吾人身處其中。當不復知有憂患艱難之況味矣。雖然此理想耳。社會主義。決不能徹底者也。何以不能。一、物質上之不能。世上物質有限。而人慾無限。使人人皆粗衣糲食。則人類必不安於淡薄。使人人皆衣華衣食美食。則物質必不足以供取求。況物質發達。社會主義乃起。故欲以社會主義。支配人類之物質慾。使社會主義以捨棄物質爲主旨。猶之可也。今一方獎勵物質之進步。而一方又不能滿足人人之慾望。孟子有言。「物之不齊物之情也」物物不齊。則分配無平均之日。必强不齊之物而齊之。是不特違背物質進步之原則。而因心理不同。嗜好各殊。則所需要者必難一致。但曰生產制限。平均分配。謂爲社會主義完全實現則可。謂爲人生問題。完全解決則不可也。一、精神上之不能。希望者人類精神之所寄。若人類而無希望。則人類之生趣絕。彼牛羊鹿豕之屬。饑食渴飲。朝起暮息。固無所謂希望也。人類各有思想。各有知識。卽各有一種之新希望。故欲以畜牛羊鹿豕之方法。分配人類之所需。是使人類無所希望也。況人類心理。厭於所習。日日步行者羨慕乘車之安適。日日蔬食者羨慕粱肉之豐腴。此尚曰貧富不平之現象也。然日日乘車者有時以步行爲樂。日日粱肉者。有時以蔬食爲美。故居都市者慕鄉村之清寂。居鄉村者慕都市之繁盛。其實物境則一。而心境不同耳。故使社會主義實行之後。人人皆居華廈衣文繡食粱肉。吾知人類心理。必猶有不滿足之表現。況人人未必皆能居華廈衣文繡食粱肉乎。夫今日憂患艱難之生活。固人類所引爲大苦。然人類之思想與知識。必不能盡歸一致。枯寂平淡之境。愚魯者安之。而秀傑者不甘也。社會上有一部分不甘心之人。卽社會問題不能完全解決。而此一部分不甘心之人。又往往足以左右愚魯者之意志。是則社會主義雖能實現。而人類精神上之感動。旣無平定之方法。則紛擾之狀況。恐無以異於今日也。一、人類稟賦之不能齊一。人類稟賦至不齊一。故知識有智愚。體魄有强弱。性質有賢不肖。夫使世上物質無精粗美惡新舊之差別。則人類雖不齊一。而爭端尙少。今人類與物質。其不齊一正相等。於是賢者甘淡泊。愚者弱者無能力。而智者强者不肖者。乃於不齊一之物質上。各占有優厚之利益。此種不平均之現象。非人力所能平均之。藉曰社會主義。自有平均分配之方法。然我敢斷言。此智者强者不肖者。在無論何種法律範圍之內。仍必據有超越之地位。喻如劇場座位。劵價槪售若干。是無所謂階級差別矣。而先入者必得佳座。強有力之人。又每排衆而爭先。甚或已得佳座。而前座者適爲魁梧偉大之人。則視綫受其障碍。亦足以發生不快之感。此類事實。隨在皆可以舉證。社會主義。以各盡所能各取所需爲主旨。然人性既有智愚強弱賢不肖之差別。則智者強者不肖者。於所能必有不盡。而取必及於所不需。如曰分配物質。卽足以盡平均社會之能事。殊不知平均之後。其不能平均之狀態自若也。此無他。造物生人。稟賦限之。社會主義。不過一時救濟之方法。而非可以語徹底解決者也。

世上無論何種學說。無不持之有故。言之成理。然若嚴格以繩之。凡主張在此而目的在彼者。均可以騙術論。故堯舜其言。盜跖其行。此固騙術之最著者也。孟軻言論。夙爲吾人所服膺。然政治運用。往往曲折以赴。故主張與目的。未必趨於一致。如「保民而王莫之能禦也」又曰「行仁政而王莫之能禦也」此類措詞。見之七篇中者不勝枚舉。夫曰保民曰行仁政而王。是保民行仁政。其主張。而王天下乃其目的矣。夫賢如孟子。而以求政治成功之故。猶不能以主張爲目的。則近代之高談主義。藉取政權者。又何足責乎。我固二十五年前主張社會主義之人。今日之我無以異於二十五年前之我。我反對此不平均之社會。故贊成社會主義。然謂社會主義。必能舉不平均之社會而徹底平均之。則我懷疑莫釋者二十五年於茲矣。我既不信社會主義。能平所不平。均所不均。然苦思二十五年。亦不能於社會主義而外。得一解决此問題之方法。今乃恍然悟矣。世上本無徹底之事。社會主義何獨不然。故社會不平之現狀。必欲徹底以平均之。則悠悠天地。永無實現之期。吾人處此不徹底之宇宙内。以人類之心思才力。斷不能打破此自然之定律。社會不平均。吾人既不能徹底平均之。惟有從不徹底一方面。以求一比較平均之方法。所謂比較平均者何。則人人雖無平均之享受。而人人應有平均之機會是也。喻如宴會。所邀賓客數百人。凡被邀者皆有同等之機會者也。然或因他約。或因疾病。或因故障而不能赴宴者。必有其人。卽已與宴會之賓客。其食量多少。亦至不齊。由此言之。人人有同等之機會。而人人未必有同等之享受。此社會主義所以不能徹底也。雖然不能徹底者造物也。非人力也。今人類陷溺於不平均之境况。不特無同等之享受。並同等之機會而無之。故改造社會。使人人有同等之機會。是非吾人之責歟。

第十章　民主政治

政治者不祥之物也。論政之書。汗牛充棟。政治學者。各有主張。吾以一言蔽之。則愚民之作用而已。故無論君主專制政治。貴族專制政治。君主立憲政治。民主立憲政治。獨裁政治。無產階級專制政治。方式雖殊而作用則一。近世紀以來。政治革命風行於歐美各國。而民治主義。遂爲世人所倡道。即迂腐錮蔽如吾國。亦爲此種思想所感動。由此言之。則民主政治之前途。非甚可樂觀乎。雖然此就表面上言耳。歐美各國中號稱民主政治者甚多。而徹底之民主政治。則固未之有也。法美爲共和先進國。民主政治宜若可以徹底實現。顧一考其內容。則去完全之民治主義遠甚。於是各國政治學者。憑藉個人理想。講求實現之方法。詎知理想正在發表而事實已先變更。法國自大戰以後。財政困難。民生凋敝。國中輿論。乃認組織强有力政府。實爲當務之急。美國總統權力本甚偉大。自參加歐戰後。集中權力。尤爲國民所贊許。他如俄意二國。直揭櫫專制。以革民治主義之命。可見政治上已發生異象。其前途如何。有非理想所能逆料者矣。凡國家值改革之初。人心浮動。異說雜出。而聞政之新進人物。多來自田間。缺乏經驗。每持其理想上方案。欲徹底見之實行。而試驗之結果。人民未蒙其利。而已增加無限之痛苦。及責難之聲四起。而此理想之政治家。乃不能不宣告失敗。美國行政制度。日趨安定。固吾人所知也。然當開國之初。極端之民治論。亦嘗占一時之勢力。蓋鑒於英國政府之壓迫。故極力縮小行政部之權力與範圍。於是設立各種委員會。以執行要政。而試驗之結果。卒演成綏慢疏忽之景象。爭議數年。國人漸知委員制之非。此爲美國政治演進之一段歷史。而談民主政治者所不可不知也。吾人生於今日之中國。苦苛政久矣。一聞民主政治之名詞。自必踴躍三百。期其徹底實現。庸詎知民主政治云者。世界上祇有此名詞。而必無其物。非謂絕無也。無徹底之民主政治也。懷抱野心之政治家。假借民治名義。玩羣衆於股掌之上。則民主政治。其不能完全實現固矣。然讓一步言之。吾人信仰民治主義。自問確出於眞誠。假令吾人主持國政。繼續至若干年。則民主政治之成功。似可操劵而獲。顧事實所表現。必不能與吾人之理想相符合。此非吾人之不願徹底也。不能也。何以不能。其原因有三。皆大多數人民所負之責任也。一、人民缺乏思考力。凡事每爲一時情感所衝動。而不計及其結果之何若。二、人民多缺乏判斷力。凡制度之得失。人物之善惡。非妄肆批評。卽盲從附和。三、人民多自私自利。凡人有自私自利之心。則無論任何事理。皆爲私利所蔽。有此三原因。大多數人民實無處理政治之能力。使徒慕民治之虛名。以一國政治大權。直接付於人民之手。則紛擾紊亂。必有出乎吾人想像之外者。藉曰敎育普及。足以增高國民程度。此不過比較問題。而非能根本解決也。試思一國之中。人人皆具有思考力判斷力。而又無自私自利之心。此種國家。祇有求之於宇宙以外。謂能見諸事實。固無論何人所不敢信也。夫人人無自主之能力。則民主政治固不能徹底實現。然亦不能謂民主政治遂完全消滅也。何也。世上雖無徹底之民主政治。而尚有不徹底之民主政治在。今之英美德法各國。皆不徹底之民主政治也。吾人討論政治。不能拘泥方式。美德法爲共和國。自與民主政治爲近。英君主國也。而民權發達。與共和國無異。更進一步言之。吾國唐虞三代之盛治。亦無非不徹底之民主政治也。孔子尊周室。孟子王天下。後人不察。竟以主張君權引爲孔孟咎。而不知一部四書。皆發揮不徹底之民治主義。時代不同。方式自異。若必拘泥方式。而抹煞其精神之所在。是非善讀古人書者矣。孔子有言「民可使由之不可使知之」吾人讀論語至此。未嘗不心焉非之。謂其違背民主政治之原則也。然今之英美德法。固所謂民主政治者也。試問此數國之人民。果皆能知之乎。抑猶是由之而已也。大抵政治作用。自有不可使人人皆知之理。喻如數千人坐立於若干方尺之面積上。使此數千人各有徹底之自由。各居平等之地位。則紛擾爭鬥之情形。正不知如何收拾。黠者於此。知非以術愚大多數之人。不能使之歸於安定。故或假借鬼神。或挾持强力。或應用方法。先取得首領之地位。進而以石灰劃線。各給以一定之地位。其識力過人者。更故示優異。以羈縻之。如是佈置之後。此數千人乃能恢復其安定之狀態。是所謂政治作用也。夫首領發號施令。不可以知之者也。石灰劃線。不可以知之者也。少數人占特殊地位。不可以知之者也。使人人皆有同等之識力。則毋待於首領之發號施令。更無須石灰劃線。而少數人亦何至占特殊地位。今此大多數者皆爲愚魯之人。而必使之了解首領之操縱。石灰劃線之無効力。少數人占特殊地位之不平等。夫此種理由原爲人民所當知。然必强不可知者而使之知。匪特於知者無益。而全羣胥蒙其害矣。近世有權能分立之說。謂能者使之治事。無能者使之有權。抑知能者而後可以有權。無能者雖有權而不善用。其結果與無權等。夫所謂權者投票權之謂。現代國家之搆成。多以人民投票爲假借之途徑。論其實際上運用。無論代議制委員制獨裁制。人民投票。皆爲能者操縱。所謂人民之大權。固無一而非能者之權。故惟有能者乃有權。無能者不能有其權。權與能固不可分者也。代議制度行之已久。曩者不出代議士不納血稅之主張。實爲政治革命之目的。今則弱點暴露。遂爲倡委員制獨裁制者所攻擊。然皆一偏之見。知彼而不能知己者也。吾人生當政治革命之後。既不能奉天承運。自稱天子。又不能力征經營。集大權於一人。神權武力已無所用。故欲爭奪政權。惟有研究爭奪之方法。然時代與狀況常與人民心理爲轉移。而時代狀況一經變遷。則應用之方法。即須隨而更易。故方法之善惡。以能否適合人民心理爲準。必謂某種方法爲善。某種方法爲惡。此皆囿於時代狀況之下。而非不移之定論也。是故代議制委員制獨裁制皆一時應用之方法。而非有絕對之善惡。夫曰應用之方法。自與政治實際有別。必執民主政治以相繩。則此三種方法固非。卽更有較新之制度。亦僅應用於一時。而於民主政治仍無與也。政治形式之變遷。雖因時代與狀況而異。顧揭其要點。不外兩端。則人治與法治是已。專制時代。以人爲治。政治革命後。法治乃代人治而興。近世所謂文明國家。無不遵循法治之軌道。而民主政治之精神。亦皆藉法治而表現。然自歐洲大戰爭以來。社會問題。倏然暴發。經濟紛亂。波及政治。於是俄意二國。乃以黨治標榜於時。俄以無產階級專政。故斥法治爲資本主義之制度。意以法西士蒂專制。故斥法治爲阻碍國家之發展。此二國之根本主張。各不相同。而反對法治則如出一轍。夫豈黨治優良於法治乎。亦不過因人民心理之變遷。適應於一時代與一狀況而已。夫人治之窮。一變而至於法治。今法治又窮。乃代以黨治。顧夷考事實。則黨治卽人治之變相。徒以人情喜前進而惡後退。卽事實上着着後退。仍不能不取前進之方式。喻如皇帝名稱。爲近代人類所不喜。使黠者攘竊大權。實行專制。而名其地位曰民衆代表。或曰大公僕。則人民於惝怳迷離中。必相率而承認此名異實同之皇帝。此種政治上之新制度。且將爲世人研究之資料。英雄造時勢。當大功告成之後。黠者最初之用心何若。誰復再加以討論乎。故人治法治之變遷；要不外愚民之作用。其形式如何。主張如何。固可勿論也。大抵人治法治。各有理由。所得結果亦各不相同，人治之弊則在乎以一部分人之權力。壓迫異己。於是不平之人民。羣起以謀反抗。而禍患之來。無可避免。故欲消弭內亂。使主張不同之人民。各有競爭政治之機會。則人治實不如法治之安定。法治之弊。則在乎聚訟盈廷。各爲其私。時間經濟等閑浪費。國家大計。毫無建樹。故欲注重效率。使政治易於進展。則法治實不如人治之便利。更深言之。人治偏於積極。然積極爲善。則人民所受之利益。迅速而廣大。積極爲惡。則人民不堪其苦。必有及汝偕亡之結果。法治偏於消極。互相牽制。不易爲惡。亦不易爲善。故就此點以觀之。則法治人治。其輕重得失之間。可以供吾人之參考矣。

政治云者。純爲愚民之作用。而因愚民之故。自不能不利用人民心理之弱點。以肆其欺騙誘惑之伎倆。故在共和政治之下。主持國政者。固以貫澈民主政治自詡。卽古昔專制帝王。其所昭示於民衆者。亦何嘗不以保國安民自任。意大利之專制政治。爲世人所公認。而其獨裁首相之言論。竟謂法西士底黨之主義。實與民衆爲接近。此可證民主政治之意義。徒爲野心家所曲解附會。而徹底之民主政治。則宇宙荒窮。仍無實現之期也。

吾國普通人心理。率以談論國事爲戒。但求安居樂業。卽不問政權之誰屬。此種國民。固所謂無政治思想之國民也。然自事實上研究之。無論政治如何進步。人民所得之結果。亦不過安居樂業而已。英美兩國。固民權最發達之國也。而其國民最大之利益。有過於安居樂業以外乎。故安居樂業者。不特爲吾國人民所希望。英美各國之人民。其心理亦正與吾國人同也。然而同是人民。同是心理。吾國政治紊亂如此。英美政治整齊如彼。豈果英美人民。有政治思想。而吾國人完全缺乏乎。不然也。假使吾國人無政治思想。則湯何以放桀。武王何以伐紂。卽謂湯武有所憑藉。攘竊王位以自娛。顧陳涉一走卒耳。匹夫夜呼。亂者四應。而二十四朝中。人民反抗暴政之事。史不絕書。故謂吾國人絕無政治思想。是未免厚誣吾民矣。大抵吾國人所注重者。在政治上之實際。而不在政治上之形式。君主專制。貴族專制。君主立憲。民主立憲。獨裁政治。無產階級專政。此皆政治之形式也。人民安居樂業。此政治之實際也。夫吾人何以主張民主政治。亦謂其能使人民安居樂業耳。果人民不能安居樂業。則形式雖爲民主政治。人民不願受也。反之人民能安居樂業。則形式雖爲君主。而人民實際上所受之利益。又與民主政治何以異乎。是故吾國人民之態度。與其謂爲愚魯柔弱。毋寧謂爲忠實。抑不特人民而已也。卽政府亦然。歷史所載。除秦政隋廣之殘暴。異族入主之元清外。其他帝王多能關心民瘼。不尙詐欺。姑以吾人所目覩之事證之。昔日各州縣衙署。皆懸一匾額於大堂之上。其文曰「爾俸爾祿民膏民脂下民易虐上天難欺」前二句固民主政治之要旨也。後二句則爲今人所不贊同。其不贊同之原因。則曰政府者民之政府也。民爲主人。官吏爲奴僕。民主政治之下。豈容有虐民之官吏乎。爲此言者。蓋未深知政治之內幕者也。夫制度改善。僅政治上之形式。下民易虐。爲政治上之實際。歐西各國注重於形式之變更。其愚民政策。自較吾國爲巧。吾國歷代君主。雖未脫愚民本旨。而往往能坦懷以相示。曰下民爲虐。則率直以告有衆也。曰上天難欺。謂法制禁令效力極微也。夫以政府之權力而承認無懲治官吏之方法。謂爲腐朽則可。謂其態度非忠實不得也。大抵政治者攘奪之事業。無論何種制度。凡一國政治之大權。無非爲强有力之團體所壟斷。使壟斷之後。其團體以外之人民。苟能保其安居樂業之狀況。則制度如何變更。皆人民所不問。如其不然。則一部分之人民始而失望。繼而厭惡。終乃有聯合反抗之運動。此新團體之勢力。果日益增加。則舊團體之地位。必爲新團體所佔有。當新舊遞嬗之時。政治制度。必有一度大改革。然此不過形式耳。一國政治之大權。其爲强有力之團體所壟斷。則民主政治固與其他之政治同。而民主政治之下。一切措施。苟與人民之願望相違。則反動之來。亦必與其他政治之下同也。近世之民主政治。所謂民主者。祇人民有投票權耳。如認人民有投票權。卽爲民主之證。假令帝政復興。而許人民以投票選擧皇帝之權。吾人於此。將謂爲君主政體乎。則明明人民投票選擧也。將謂爲民主政體乎。則固帝王執政也。由此言之。人民雖有投票權。而實與君主民主無關。美固民主政治也。共和民主兩黨。互掌政權。共和黨爲資本家之團體。民主黨與農民工人爲接近。夫農民工人本占全國人民之最大多數。而切身利害。又與資本家相衝突。然歷屆選擧。共和黨常占優勝。而多數之農民工人。竟投共和黨之票。

可知民實不能主。所謂民主者。僅形式上之表現耳。吾國古代帝王。每以人民愛戴自詡。即袁世凱稱帝。亦假手於國民投票。論者以强姦民意爲洪憲帝制罪。然世界吾國。無論何種政治。其假借民意之旨趣。有以異於洪憲帝制乎。凡人心術愈壞。手段愈辣。則其言愈甘。其計愈巧。惟政治亦然。君主時代以一人爲全國人民之的。其方法可謂至拙。今日以民爲主。而政治大權仍操於少數人之手。固與君主時代同。然人民則未之思也。是知方法有巧拙。而制度無善惡。民主政治者方法之進步。而非制度之進步也。昔者湘鄂之間共産黨威力甚振。凡屬異己。肆行拘捕。復開民衆大會以司裁判之職權。主席宣佈被捕者之罪狀。柔聲曰是人宜處死刑。贊成者舉手。言未畢而台下羣衆皆高舉其手。實則台下民衆。尚未知表決者爲何事也。然而死者之判決書則曰經民衆大會決議處以死刑矣。夫不仁之君主。殘暴之武人。苟濫殺一人。國民即無反抗之力。而心理上猶能記錄其罪狀。若殺人而出於民衆之決議。在表面上。固曰民衆公意所殺也。而考其內容。則民衆豈能負此殺人之責任乎。吾固曰其言愈甘。其計愈巧也。近世所倡道之種種制度。種種方案。無不假借民意以行。其實皆民衆大會決議殺人之類。豈特民主政治爲然哉。

民主政治既無徹底之可能。而人民又不能離政治而存在。然則吾人處此狀況之下。將何道之從乎。近世政治學者。人各一說。議論紛紜。問其目的。皆曰將以謀改善政治之方法。殊不知此片面之學理。微特與事實不符。且徒爲後人假借利用之具而已。以我個人研究之所得。則欲求政治之改善。惟有使政治與人民經濟。不生密切關係。夫今日政治之趨勢。在在皆與人類生活相依附。必使人民經濟脫離於政治之外。是無政治之可言矣。然此不過一時現狀耳。是故政治與人民經濟關係過於密切。則奸僞詐欺之徒。利用政治上之勢力。以饜足其個人之慾望。得失之間。互相爭奪。而政治乃無安定之日。晚近世界各國。其政治經濟。陷於紊亂搖動之狀況。試一尋其原因之所在。當知吾言之未謬也。人類生活之要素。厥有二種。一生活之所需。經濟是也。二生活之安寧。政治是也。古昔部落時代。日用生活各取所需。固無所謂政治也。自人類進化。社會日漸複雜。生活所需之外。不能不講求安寧之方法。此政治之所由起也。後世政府往往濫用其權力。歛收人民之財貨。人民迫於自衛。乃有參與政治之要求。自是政治與經濟。遂發生密切之關係。而近世政治制度之變遷。其原因亦在於此。夫生活之所需。與生活之安寧。二者之於人民。其重要實相等。然使二者合而爲一。或以政治支配經濟。或以經濟支配政治。皆足爲人類之禍害。今之英美二國。固不徹底之民主政治也。然政治上之大變動。正在醞釀中。此皆政治經濟互相牽動之故也。政治經濟。其能並存不悖者。在歐洲農業時代。不無多少之痕迹。求之吾國。則其例正多。吾國論政。必稱唐虞。而觀擊壤之歌「耕田而食鑿井而飲帝力於我何有」可知政治與人民生活。並未發生關係。孔子曰「無爲而治者其舜也與」夫舜豈一無所爲乎。蓋與人民生活無大關係。遂覺其無爲而治耳。孔子論政注重於禮樂刑罰。孟子論政「省刑罰薄稅斂深耕易耨壯者以暇日修其孝弟忠信入以事其父兄出以事其長上可使制梃以撻秦楚之堅甲利兵矣」孔孟所言今人每笑其迂。抑知政治原理已爲孔孟所道盡。今人誤入歧途。乃不能領悟此旨趣。試思政治之作用。全在維持生活之安寧。如於生活安寧之外而復涉及個人之慾望。則政治自不能離經濟而獨立。如目的僅在生活之安寧。則禮樂刑罰已足致治而有餘。吾國人民生活。常超出政治範圍之外。故所謂太平盛世。卽人民生活。不受政治影響之謂。試觀鄉村農民。耕田食力。除完糧納稅外。與官吏不生關係。可見政治與經濟。並無不可分離之事實。故使今後之政治效用。但以維持生活安寧爲止。人民各納簡單之賦稅。政府不濫用其權力。此在吾國舊制度上。稱曰仁政曰王道。然而本吾人之理想。加以學理之研究。苟能發揮而光大之。亦何莫非較新之民主政治哉。

吾因之而更有所感焉。理想中之民主政治。固無實現之日。吾人既不能袖手旁觀。亦唯有降格以求。使人人皆有參政之機會。而一國大政。不至爲一階級所壟斷操縱。苟如是是亦足矣。然而正難言也。政治制度。學說繁多。而適於此種原則者。固未之有。無已則中國之科舉制度乎。科舉制度。實具民治主義之精神。故寒窗十載。平地一聲。資本家無所用其財。奸黠之徒無所用其術。無論何種階級。皆失去其操縱壟斷之能力。而白屋出公卿。尤屬司空見慣之事。此種制度。固無民主政治之名稱。而人人皆有參政之機會。雖賄買關節。仍所不免。然清代康乾之世。弊絕風清。卽同光末葉。積弊甚深。而揚眉吐氣者。仍多寒士。故使以科學方法。整理而改革之。則於不徹底之中。自成爲比較良好之制度。近人感於吏治之腐敗。亦漸知考試制度之重要。顧考試制度。美國最爲精密。而政治大權。仍爲一階級所操縱壟斷。可知考試制度。固與民主政治無關。就吾人所目見者言之。曩日科舉未廢。鄉村貧兒。肄業私塾。年納學費一二金。而天資聰穎者。往往刻苦好學。由是而致身通顯。自科舉廢而興學校。一月之學費。倍於曩日之一年。而制服書籍及其他雜費。皆非貧兒之力所能任。故民國成立以後。識字之人數。較滿清時代爲少。卽謂吾國政治不良。敎育致受其影響。姑以美國論。則貧苦兒童。亦無享受高等敎育之能力。此爲敎育問題。似與政治無關。然現代高深敎育。不免爲一階級所佔有。則固與政治同趨一途也。吾非謂科舉宜復。學校宜廢也。大抵科舉取士。注重於政治文學。而學校研究。則注重於格致實用。由政治一方面言。人人不必有專門之學問。而人人不能無參政之機會。故考試制度。僅適用於任用官吏。而欲適合於民主政治之原則。惟有採取科舉制度之精神、參以抽籤開坊循序銓選之方法。彌封謄錄覆試磨勘之用意。三載考績之陞降。翰林朝考試差簡放舉人大挑之遷用。除最高行政首官吏。由人民於考試及格中直接選舉之。此外一切行政司法考試之官長。及監督機關之官吏。均適用此種制度。使政治上人才。人人皆有發展之機會。而一國政治之大權。庶不至爲一階級所壟斷操縱。夫既能使人人有向政治上發展之機會。而一國政治上之大權。亦不至爲一階級所壟斷操縱。是雖非徹底之民主政治。而謂之非近於民主政治不得也。若夫形式上爲代議制爲委員制爲獨裁制。或爲名異實同之帝制。此皆一時應用之方法。而非所論於民主政治之實際者也。

第十一章　代議制度

代議制度不徹底之制度也。吾論中國政治。以確立代議制度爲主要。今曰代議制度爲不徹底之制度。豈今日之我與昨日之我挑戰乎。不然也。代議制度之興。英國人民要求最力。運用最靈。受益亦最大。後此世界各國。凡政治上經一度之改革者。莫不以代議制度爲政治上之重心。近來政治學者調查研究之結果。認爲代議制度以代表人口爲原則。頗多缺憾。例如吾國衆議院選舉法以人口爲比例。每八十萬人舉出議員一名。然此八十萬人中。職業不同。利害各異。故舉出之議員若爲商業中人。則不能代表他業之利益。若爲法律學者。則不能注重他學之發展。此種事實其例正多。彼歐西學者。對代議制度主張改革。所見確有理由。非若我國人之隨聲附和。徒曰代議制度不適於中國而已也。我國人久伏於君主專制之下。直不知人民權利爲何物。故庶人議政已滋疑駭。益以議員分子劣跡昭著。政治重心。無足信仰。而僉壬佞倖久蓄弄權竊位之私。忽聞歐西學者之批評。更摭拾附會。對代議制度爲極力之攻擊。夫一國政治各有其歷史風俗習慣之特性。故謂代議制度適於歐美日本而不適於我國。其言固一偏之見。然未可完全斥爲無理。惟所舉不適之點。皆無確當之根據。若以人民程度言。則民主政體是否適於現在之中國。更成一大疑問。逋臣遺老。眷念故君。對民國政制均表不滿。雖曰頑錮。尚可邀人原諒。今於承認中華民國之下。而謂代議制度爲不適於中國。然則民國政府如何構成。人民意思如何表示。如曰行政首長可由有力軍人推舉。立法機關。可由各省軍事長官派遣代表組織機關。如善後會議臨時參政院之類。然此種辦法直軍國耳。何必竊此民國之名義爲。況夫國家大事不能不徵集各方意見而人數衆多。又無相聚一堂之法。故無論爲軍國爲民國。苟有會議。即不能廢除代議制度。我向於報章上見有反對代議制度之文章。其內容則可勿論。姑就其標題言之。已不合論理學之例。更進而考其從政之事業。則主張召集各省代表會議國民代表會議之人。即平日反對代議制度之人也。子矛子盾。不亦異乎。今夫奮臂於大澤之中。匹夫而據帝王之位。混一區宇。奄有海內。喑嗚叱咤。有天命者任自爲。故腹誹有禁。偶語者族。代議制度。誠哉其不適矣。假使湯武征誅。既無其力。堯舜揖讓。更非其人。百方勸誘。博得推舉服從之虛文。趙孟所貴趙孟能賤。形雖守府實則陪臣。於此而猶以代議制度爲不良。非利令智昏。則是別具肺腸者矣。

政治上無絕對完美之制度。如曰代議制度不良而除代議制度外。尚有更良之制度否。更進一步言之。世界上一日有所謂立憲政治。即代議制度必仍一日存在。我國人鑒於議員行動之越軌。乃幷制度而懷疑之。因噎廢食。殊不可解。試思暴官污吏。其罪惡較議員何若。夫機關與個人。絕不能混爲一談。謂議員不良。即代議制度不良。然則官吏不良。即國家制度之不良矣。近有主張實行考試之說者。然必有政府而後乃能考試。代議制度旣廢。則政府如何組織。藉曰由全國人民選出若干人組織政府。復由政府以考試之法取士。試問選舉方法如何制定。如以有力者之意思爲法律。則專制政體耳。如仍本民意以制定法律。則舍代議制度外。何從而知民意之所在。自夫鄉舉里選之制廢。而科舉取士之法興。滿清末葉。廢科舉興學校。籌立憲開國會。於是代議制度乃漸爲政治上之重要問題。我非絕對反對科舉之人。亦非絕對贊美代議制度之人。何者凡政治之作用愚民而已。故無論爲科舉取士。爲代議制度。方法雖不同。而目的則一。論者謂滿清之亡亡於廢科舉。其言固昧於世界大勢。而實有至理存焉。故欲知代議制度之作用。不可不先讀蘇子瞻之論戰國任俠。茲錄其原文如下

春秋之末至於戰國諸侯卿相皆爭養士自謀夫說客談天雕龍堅白同異之流下至擊劍扛鼎雞鳴狗盜之徒莫不賓禮靡衣玉食以館於上者何可勝數越王勾踐有君子六千人魏無忌齊田文趙勝黃歇呂不韋皆有客三千人而田文招致任俠姦人六萬家於薛齊稷下談者亦千人魏文侯燕昭王太子丹皆致客無數下至秦漢之間張耳陳餘號多士賓客廝養皆天下豪傑而田橫亦有士五百人其略見於傳記者如此度其餘當倍官吏而半農夫也此皆姦民蠹國者民何以支而國何以堪乎蘇子曰此

先王之所不能免也國之有姦也猶鳥獸之有猛鷙昆蟲之有毒螫也區處條理使各安其處則有之矣鋤而盡去之則無是道也吾考之世變知六國之所以久存而秦之所以速亡者蓋出於此不可以不察也夫智勇辯力此四者皆天民之秀傑者也類不能惡衣食以養人皆役人以自養者也故先王分天下之富貴與此四者共之此四者不失職則民靖矣四者雖異先王因俗設法使出於一三代以上出於學戰國至秦出於客漢以後出於郡縣吏魏晉以來出於九品中正隋唐至今出於科舉雖不盡然取其多者論之六國之君虐用其民不減始皇二世然當是時百姓無一人叛者以凡民之秀傑者多以客養之不失職也其力耕以奉上皆椎魯無能爲者雖欲怨叛而莫爲之先此其所以少安而不即亡也始皇初欲逐客用李斯之言而止既并天下則以客爲無用於是任法而不任人謂民可以恃法而治謂吏不必才取能守吾法而已故墮名城殺豪傑民之秀異者散而歸田畝向之食於四公子不韋之徒者皆安歸哉不知其能槁項黃馘以老死於布褐乎抑將輟耕太息以俟時也秦之亂雖成於二世然使始皇知畏此四人者有以處之使不失職秦之亡不至若是速也縱百萬虎狼於山林而飢渴之不知其將噬人世以始皇爲智吾不信也楚漢之禍生民盡矣豪傑宜無幾而代相陳豨從車千乘蕭曹爲政莫之禁也至文景帝之世法令至密然吳濞淮南梁

王魏其武安之流皆爭致賓客世主不問也豈懲秦之禍以爲爵祿不能盡縻天下士故少寬之使得或出於此也邪（後略）

今之論代議制度者千言萬語各有贊否之理由。然探原提要。無有愈於子瞻此文也。其文曰「先王因俗設法使出於一三代以上出於學戰國至秦出於客漢以後出於郡縣吏魏晉以來出於九品中正隋唐至今出於科舉」—我引而伸之則近世紀以來出於選舉。今之代議士卽子瞻所謂姦民蠹國者也。然必分天下之富貴與此種人共之。此種人不失職則民靖。此我所謂愚民政策而古之所謂養士也。我國政治之紊亂至今極矣。然亂源所在。世莫之知。試思智勇辯力之四者。不能安於鄉邑。則走而之省會。省會不能容更走而之京師。而京師又不能容。此所謂縱百萬虎狼於山林而飢渴之。不知其將噬人也。故欲政治遵循常軌。惡劣勢力消滅。必先使姦民蠹國之人。各有生存之出路。如謂吾國科舉制度。過於陳腐。則確定代議制度可也。如認歐西之代議制度爲資本主義之制度。則恢復科舉可也。苟徘徊於二者之外。猶復高談治理。吾恐求治之心愈切。而國事必愈不可收拾矣。代議制度有縣議會市議會省議會國會。猶之科舉之有府縣試鄉會試。其作用同其目的同。皆所以老此姦民蠹國之人。使入其彀中而不爲世害也。世之論代議制度者。多未深知政治原理。故謂代議制度爲不良之制度者固非。卽贊美代議制度。謂爲能表現民意。其說亦非。子瞻曰「其力耕以奉上皆椎魯無能者雖欲怨叛而莫爲之先」今日大多數之人民。皆椎魯無能之人也。豈惟我國。歐美日本亦然。年前英國煤礦工人大罷工。英首相鮑爾文宣言。謂專制威權操於工團領袖數人之手。其言深可玩味。故謂代議制度卽能代表民意實則眞正之民意。豈此輩姦民蠹國者所能代表耶。吾故曰代議制度者。不徹底之制度也。

第十二章　職業聯合

自來政治上經濟上。往往爲少數人所操縱壟斷。而多數人之利益。純爲少數人所享有。少數人之行爲。乃予多數人以損害。識者憂之。遂倡職業聯合之說。固以爲分業治事。各擁護其自有之權利。少數人操縱壟斷之弊。可以從茲減少矣。然自其實際研究之。則固與所期望者不符也。商子曰「小民可與樂成難與圖始」此種愚民之論。必爲主民權論者所反對。然今之民治主義。其所採用之方法。有以異於愚民政策乎。形式雖異而實質則同也。夫職業聯合。各得就其本身利害之關係。以獲得政治上經濟上之利益。例如商業上有各種團體之聯合。斯不至爲非商業者所侵略。工業上有各種團體之聯合。斯不至受非工業者所妨碍。勞動者有各種團體之聯合。斯不至爲資本家所壓迫。由是言之。則職業聯合者。一面爲保存同業之利益。一面爲排除異業之壓迫。此種組織。未始非社會上之必需品。雖然社會上之需要固矣。而謂其能增進多數人之權利。則仍無徹底方法也。何也。自有職業聯合以後。非同業之操縱壟斷可以免。而同業中之壟斷操縱。固仍在少數人之手也。試觀各種團體。除政治團體勿論外。卽如商業團體。慈善團體。勞動團體。多數人非隨聲附和。卽立於旁觀地位。少數人利用多數人之弱點。遂得肆其壟斷操縱之術。然亦幸有此壟斷操縱之少數人耳。否則無論何種團體。必不能發生。更不能成立也。故謂此少數人爲社會之罪人可也。謂爲社會之功臣亦可也。人類社會。平均百人中。其心性柔弱愚魯無識者占八十以上，其才識優美奸巧暴戾者共計不過二十以下。無論何種社會。此大多數之八十人。必爲此少數之二十人所驅策。此爲人類社會之公例。事實上可以證明。故職業聯合之結果。必不能出此公例以外。古昔以農立國。祗政治上有君臣之別。而人民無階級之分。而政治革命之結果。亦不過以立憲代專制。人民權利已因此而獲得確實之保障自夫工業發達。貧富階級日益歧異。經濟變遷之結果。乃知立憲政治之利益。猶未足以普及於人。此職業聯合之說。所以應運而生。而晚近資本與勞働之爭。未嘗非造因於此。夫人類進化。由簡單而複雜。壟斷操縱之術。亦不能不殊途而異趨。在昔酋長之駕馭部落。帝王之統治國家。當創業之初。無不假借武力以芟除異已。所謂才識優美奸巧暴戾之人已不復有孑遺之存在。全部落全國家之內。皆心性柔弱愚魯無識之人。則爲之酋長爲之帝王。其亦可以端拱垂裳無爲而治矣。此種時代。非人所夢想之太平景象乎。故職業聯合。不發生於專制之時代。而盛行於政治經濟變革之後者。此無他。專制時代。除酋長帝王或貴族以外。無論何人。均須守有一定之服從範圍。其稍萌異志者。皆以大逆不道論。卽有才識優美奸巧暴戾之徒。欲假借多數人之名義。以行其壟斷操縱之術。若而人者將不旋踵而身爲戮辱矣。今者民治主義。盛倡一時。雖極頑固腐朽者。亦不敢作反對之言論。專制時代之刑誅。既不復能自由行使此種才識優美奸巧暴戾之人。必隨時代而日益增加。況經濟問題。異常急迫。多數心性柔弱庸愚無識之人。咸感於生計之困難。遂易爲甘言所誘惑。且因本身利害關係。卽明知爲少數人所利用。亦絕無所悔。是故愚民者可恨。而愚民之愚不亦大可憐乎。吾論代議制度。而以蘇子瞻之任俠論解釋其作用。茲之職業聯合云者。其作用如何。亦任俠論所可解釋者也。代議制度爲不徹底之制度。則此職業聯合者。又寧有徹底之作用歟。

民國元二年間。國民黨主政黨政治。投機政客。爲迎合袁世凱一派人物起見。乃倡賢人政治之說。識者非之。謂其以極不賢之人而自居爲賢人也。吾謂賢人政治之說。未可厚非。何則賢人政治者。卽愚民政治之謂。自居爲賢人而他人皆不賢之謂。此種政策。專制時代久已行之。今政體改革。愚民之本旨雖同。而愚民之方法不能不異。必執專制時代之舊法。以與民權論宣戰。於此而欲免天下人之唾罵。其可得乎。況賢愚名詞。全屬假定。彼所謂賢人。卽吾所謂才識優美奸巧暴戾之人也。無論何時代何地域。凡政治上經濟上之團體。鮮不爲此等少數人所壟斷操縱者。職業團體正其小焉者也。

第十三章　自由戀愛

吾於二十年以前曾着人道一書。對於男女問題。力主自由戀愛之說。茲篇標題曰。自由戀愛。將繼續前說。進一步而發揮之乎。抑今是昨非。覺迷途之未遠乎。皆非也。舊式婚姻。純操縱於第三者之意志。終身幸福。任人斷送。此種制度。吾始終反對之。固二十年如一日也。今之所謂自由戀愛論正風靡一時矣。顧問其結果如何。人生幸福果因此而得圓滿乎。不然也。凡男女結合。自以戀愛爲基本。其原則如此。無可攻擊。然男女異性。初無關係。何以相互間發生戀愛。可知戀愛之先。自有其前提在。故謂男女基於相互戀愛而結合可也。謂無其他前提而遂能相互發生戀變不可也。大抵男女相互戀愛之前提有數種。一容貌。二金錢。三倫理。四學問。五性情。六道德。大抵男子之慕少艾。與夫女子所以誘起男子之情感。率以第一類爲多。第二類則女子與男子之關係。往往藉金錢而發生。不特中國爲然。直萬方一概矣。歐美婦女比較上容易得一謀生之職業。而其仰慕虛榮。冀婚富家子之心理。無不盡同。又試從反面證之。歐美女子幸得鉅額遺產。則男子之醉心乞偶。甘爲臣僕者。必爭前恐後。此可知經濟問題不解決。所謂自由戀愛云者。金錢奴隸之謂。自由云乎哉。其第三類則由倫理關係發生戀愛。此種事實。以吾國男女爲最多。舊式婚姻純以倫理爲基本。男女素少謀面。忽一旦結合。本無戀愛之可言。然以倫理所束縛。除面目可憎性情扞格外。多能維持相當之戀愛。其發生戀愛之初。相互間之情感。必不若自由戀愛者之熱烈。而因倫理所維繫。彼此較易諒解。故夫婦之道雖苦。而其經過悠久。較之自由戀愛離合無常。則自由戀愛者不過一時之愉快。而倫理關係。轉能維持於數十年也。第四類因仰慕學問之故。而發生戀愛。此種戀愛比較爲高尚。然男女同居。非單純學問所能維繫。故歐美著名學者。往往發生迭次離婚之事實。若夫以性情道德之關係而發生戀愛。此種結合最爲純正。而戀愛之程度。亦必較他種結合爲永久。以上六種。爲男女戀愛之前提。雖例外之事實甚多。六種範圍。容有未盡。然世間男女。以此六種原因而發生戀愛者。則固占最多數也。夫戀愛者非肉慾也。肉慾者不過一時情感之衝動。無所謂戀。更談不到愛字。精神上之戀愛則不然。天下之男女正多。何以獨戀愛於一人。可知男女之發生戀愛。必另有其可戀可愛者在。而非但因異性接觸而已也。

自由戀愛之名詞。純因婚姻專制而起。所謂自由者。對於社會而言。對於男女兩方外之第三者而言。非謂男女相互間別有所謂自由戀愛也。如近人所倡自由戀愛之說。直認爲男女相互間各有隨時離合之自由。如此解釋。是禽獸交之謂。與戀愛何涉。彼腦根頑舊者。聞自由戀愛之說。必掩耳而走。曰此公妻也。夫既曰戀曰愛。私爲已有之意甚顯。必加以公妻之名稱。於義殊屬不當。故近世青年男女。隨意爲一時之離合。加以公妻之惡名可也。謂之曰自由戀愛。於戀愛何有。

自由戀愛者不徹底之名詞也。匪特名詞。抑亦無徹底之事實。男女之發生戀愛。既有其可戀可愛者在。則必有種種委曲遷就之事實。其始也戀愛不過發生於一方。其繼也他方亦受此感應。故男女結合。由初見以迄於互相戀愛。男女間之各個自由。非雙方互讓。卽一方屈伏。要言之各個自由。必破壞其一部分。而後相互戀愛乃能成功。觀於男女結合之初。其愛情異常熱烈者。皆互讓或屈伏之結果也。使此互讓或屈伏之時期。保持不變。則百年偕老可也。否則靡不有初鮮克有終。至圖窮匕現之時。卽脫輹反目之日。試觀每日報上。離婚廣告之多。離婚方法之簡易。自由戀愛誠乎自由矣。吾恐女子之感受痛苦。必較專制婚姻爲酷也。

吾人主張自由戀愛。雖曰爲保存男女之結合自由。而實際上則對於不自由之女子。更予以悲憫之同情。况專制婚姻之結果。女子處境之慘。甚於男子萬萬。故自由戀愛實爲女子解放之大問題。然但曰自由戀愛。女子卽能享人生之幸福乎。不然也。男女相互間之戀愛。既以互讓或屈伏而發生。戀愛之久暫。亦必以互讓與屈伏之久暫爲準。然何以能使雙方互讓。何以能使一方屈伏。則又以前述六種前提爲準。故絕色女子。一笑傾城。再笑傾國。男子往往拜倒石榴裙下。甘爲奴隸。反是則潘安仁擲果盈車。亦足引起異性之愛慕。此則屈伏於容貌者也。女子因衣食所需浮華所誘。男子爲奩資所動。勢利所刦。是皆能以一方之戀愛而終成雙方結合。此則屈伏於金錢者也。如倚馬才高願執箕帚詠絮閨秀爭爲夫婿。此種結合或一方屈伏者有之。或雙方互讓者有之。雖戀愛程序能否不隨境遇而更變。尚屬疑問。而不能不謂爲戀愛中之高尙者也。夫以性情投契而結合。以道德相許而結合。此得戀愛之眞。雙方本互讓之精神。當可維持感情於永久。傳有之相待如賓。此吾之所謂互讓也。是故以屈伏與互讓相較。則屈伏之戀愛不可恃。蓋屈伏於容貌者。不特色衰則愛弛。且有見異思遷之患。屈伏於金錢者。慾望不盈則賊心必起。卽屈伏於學問。固曰高尙。而因容貌金錢性情之故。往往有中道捐棄之事實。故互讓、戀愛之上者也。永久屈伏。戀愛之次焉者也。一時之屈伏。則戀愛不足言矣。或曰一方屈伏則非自由戀愛矣。其說誠是也。然試問今之青年男女。其戀愛之發生。孰非因一方屈伏而起。其戀愛之變局。又孰非因一方不能始終屈伏而起。大凡男女關係。挑誘之端。幾盡發生於男子。一方面當其目的未達之時。廢寢忘餐。神魂顚倒。百計千方。以求博美人之一顧。此情此境。謂爲屈伏。恐未足以喻其惡態也。在專制婚姻之制度下。男女固屈伏於第三者之權力。今曰自由戀愛。則非一方之竭誠屈伏。他方必不能發生反應。歐美人士每以爭一女子之故。拔刀相向。其事正多。不勝枚舉。夫生命且不足惜。則精神上之屈伏更無論矣。以我閱歷之所得。晚近青年男女。實行自由戀愛者不乏其人。而一轉瞬間其情感已不能互相維繫。此無他上焉者既非性情道德之結合。下焉者又不甘爲永久之屈伏也。吾人試閉目以思當男子求偶時之狀態何若。則其結局如何。不問可知矣。夫無璧人之號。而必大加裝飾。無石崇之富。而必浪擲金錢。本傖父也而標榜通人。本粗暴也而曲意溫存。本奸詐也而貌爲誠實。女子知識有限。無臧否人物之能力。及其同居眞相遂露。男子屈伏之目的雖存。而女子屈伏之目的無着。此凶終隙末之所由起也。大抵男女相互間自戀愛至於結合。其原因有二。一則雙方才德均有同等之程度。故能互相尊重各個之自由。亦能互相犧牲各個之自由。羣學之理。小已大羣之間。必抑已以伸羣。家庭羣也。男或女之個人已也。非男或女屈其一已。則此家庭之羣必不能維持和平於永久。此所謂互讓也。一則認定他方之容貌或金錢或學問或性情或道德。與一已有莫大之利益。不惜降心相從。願爲沒齒不二之臣。天王明聖。臣罪當誅。家庭之間。統於一尊。此所謂屈伏也。以政治例之。屈伏者君主專制也。互讓者立憲政治也。君主專制者。惟君主有絕對之自由。立憲政治者。政府與人民各有一定之自由。亦各有一定之制限也。是故屈伏非自由。人既知之矣。然非各個放棄其一部分之自由。又豈能達於互讓之境地乎。今人一方面主張戀愛。而一方面男女間又主張各個之自由。此自由戀愛說所以爲世詬病也。腐儒痛風俗之淫蕩。藉以攻擊自由戀愛之非。是豈自由戀愛之過歟。

昔人之論女子。必曰三從四德。又曰夫婦之道。以順爲正。又曰毋違夫子。此種見解直以服從男子。爲女子之義務。迄解放自由之說倡。服從男子之說。無復有存在之餘地。然吾竊以爲不然。國與家皆爲個人所組成。果採個人極端自由主義。則國與家皆在廢除之列。吾書所論亦認國與家爲不徹底之組織。故能舉國與家之界限。實行解散之上也。藉曰不能。則個人自由必爲國與家所限則。反言之個人自由不受限制。則國與家無成立之理。今捨國而言家。夫家者男女二人所組織也。誠如公妻之說。則無所謂家。更無所謂戀愛。若男女二人由戀愛而同居。則此二人必各放棄其一部分之自由。然後此二人相互間之幸福。乃能保存於永久。近年青年男女實行自由結合者不少。而家庭美滿者殊不多覯。甚者蜜月未終。卽行離異。豈自由結合不若專制婚姻之完善乎。無他。此誤解自由二字之過。男女結合之後。仍各主張其個人之極端自由也。專制婚姻。一方既放棄其個人之自由。他方以舊道德所制裁。敢於冒犯大不韙者。仍屬少數。譬之專制政體。除桀紂幽厲外。仍得保其小康之氣象。故自由結合必以男女能互相諒解互相委曲遷就爲主。卽不然。結合之初必有一方先表其委曲遷就之誠者。使委曲遷就始終如一。則姻緣美滿。何至中道乖離。無如男兒薄倖。自古已然。女子以始願不償。必有遇人不淑之感。以是原因。故自由結合之終局。所以不良也。婚姻自由。爲近世人類一致之要求。然世界各國。風俗歷史各不相同。故對婚姻自由大體無殊。而步趨不一。其純以男女二人之自由意志。互相結合者。實以美國爲最。夫吾人之所以反對專制婚姻者。謂其足以破壞人生幸福也。所以主張自由戀愛者。謂其足以增加人生安樂也。循斯說也。則美國人之婚姻問題。必圓滿而無缺憾矣。而考其結果。則美國離婚案件之數目。乃日益增加（如下表）

年	數目
一八八六	二〇六・五九五
一八九六	三五二・三六三
一九〇六	五九三・三六二
一九一六	九七五・七二八

照上表所列。美國於此五十年中。離婚案件總數竟達二百二十五萬以上。離婚之男女總數竟達四百五十萬人以上。迄一九二二年。此一年中美國全國之離婚案件竟達一六五、一三九件。而其中有數省離婚與結婚之比率有一與四五之比。甚者九與十之比。此種現象誠不能不令世人驚駭也。假使夫婦離婚而相互間不感受若何痛苦。則今日結婚明日離婚。亦無不可。然按之事實。則離婚者純爲相互間感受痛苦之結果。而因離婚之故每有一方感受重大痛苦。至於終身不能紓釋者。倘男女於相互戀愛之時。預知必有反目之日。

則人非至愚。斷不至冒昧結合。致釀成後日之痛苦。美國離婚案件之增加。其原因固甚多。吾敢以一言蔽之。則結婚容易。故離婚亦容易。惟離婚容易。故結婚亦容易。此無他皆所謂自由戀愛之結果也。夫男女相互間。除年貌太差者外。在天賦上均有互相吸引之情感。故一假以機緣。即容易發生戀愛。此種戀愛發乎性感乎情實則一時衝動所致。倘祇憑此一時之情感。而並無其他可以結合之理由在。則結合之後。相互間戀愛必難繼續。故當其結合之時。即已隱伏離異之種子矣。近來一部分之女子。漸知自由戀愛其爲害於女子極烈。故有倡反對戀愛之說。且發新奇之譬喻。謂男子如燐寸女子如燐寸盒。燐寸與燐寸盒一接觸。即熱而生火。顧生火，後燐寸即無持久之力。此言固甚巧趣。然亦屬事實。此可知自由戀愛者。非徹底之戀愛。欲得徹底之戀愛。則必無完全之自由。更深言之。男女結合。其能使相互間減少痛苦者。必非純恃戀愛之力。今人曰求徹底之戀愛。抑知戀愛本身固無徹底之可能在也。況戀愛之誘因。發生於男子者百分之九十以上。而因悔而致仳離。被犧牲之屬於女子方面者。又在百分之九十以上。由此言之。所謂戀愛所謂自由。其價值乃如是乎。人類天性多同情於弱者。女子弱者也。故女子解放與自由戀愛之呼聲。同時並起。雖然、女子解放與自由戀愛皆實行矣。而謂女子之幸福可藉茲鞏固乎。不然也。何也。女子弱者也。無論教育如何發達。而此天賦之弱點。隨在可以受男子之侵侮。試思男女相互之間。於情愛發生以後。無論已婚未婚。中道意見參商。事所恆有。假令男子別有所眷。在女子方面。祗有飲恨隱忍而已。若女子情意變遷。則男子之妬心與獸性。往往一發而不可收拾。故失戀行兇之事。多發現於男子一方面。不特知識低下之社會。此種事實難以枚舉。卽曾受高等教育之人。其兇暴殘忍。與知識低下者正復相同。論者謂男女自由戀愛。則社會上之兇暴殘忍。必日益增加。此非過言也。而女子之受害尤甚。況自由戀愛者非一方之事。而雙方之事也。雙方之强弱既不相等。則强淩弱之行爲卽不可免。今日儇薄少年。假借自由戀愛之說。期縱其個人之獸慾。於是欺誘少艾。已婚者仍稱未婚。厭故喜新。視閨秀等於倡妓。試回首一思。吾人倡自由戀愛。非求所以減少女子之痛苦乎。而二十年來之成效何如。所謂自由戀愛者。適以濟儇薄少年之私。而女子之呑聲飲恨者何限。今之女子。聞專制婚姻而怒。聞自由戀愛而喜。夫專制婚姻。不容納本人之意見。人人知其無理固也。然男子之詭蜮伎倆百出不窮。妙齡少女未經世故。有不墜其陷阱者乎。一失足則成千古恨矣。舊式婚姻。父母操其相攸之權。除父母別有成見外。凡擇壻者必爲之覓相當配偶。偵察調查之結果。騙誘行爲。必不能掩老成人之耳目。關於此點。吾認爲任何學說不能加以攻擊。例如一少年女子。忽與一男子相遇。男子有求偶之心。女子不能不調查此男子平日之歷史。然何人能負此調查之責任。則除本身外。其最密切之關係者。非至愛之父母乎。進一步言之。凡欲求自由戀愛之實。則男女結合宜愼重而戒輕率。愼重則有研究之必要。更必有徵求第三者意見之時。然除本身外。能有第三者。過於父母之親切乎。夫舊式婚姻之弊。在夫以第三者爲主。而本身爲物。今日女子之受欺。在夫純以本人爲主。而不肯徵求有閱歷者之意見。吾謂折衷之法。自當以本人爲主。而應以父母或親戚中之老成練達者。備諮詢顧問之選。則靑年男女。自不至因一時之感情。貽畢生以大憾。或曰。苟如是。非自由戀愛也。雖然自由戀愛本不徹底者也。扶弱抑强。固吾人之責任。而恃强凌弱。又爲人類之本性。天實爲之。謂之何哉。

第十四章　宗教之作用

我向於人道一書。排斥宗教甚力。誠以人類方處强權壓迫之下。正宜鼓動其自由思想。使爲生存上奮鬥。宗教主旨純在束縛人類之思想。故爲尊重人類之思想自由。不能不舉宗教而排斥之。人道所論宗教。其主旨正在乎此。今節錄如下

宗教者阻礙世界之進化者也。人各放棄其一己之自由而俯首聽命於腦筋想像之主宰。舉世界存在之事事物物。悉引爲上帝創造之功。由是人人具倚賴上帝之心。斂抑精神以聽上帝之命。推而至社會不平貧富懸隔。猶作癡人說夢。諉爲上帝賞罰之權衡。胥世界人類而希望於冥漠之天堂。沉酣於現身之苦境。苟且偸安。成爲習慣。天堂之迷夢未醒。人類已沉淪於地獄。不亦大可哀乎

故由思想上言之。則宗教者實人類之仇敵。然人類生存。是否僅恃單純之思想。卽可享受應有之權利。抑尙須參酌事實。研究一可以實現之方法。夫思想與事實恆不相合。此不特我屢言之。無論何人。必不敢謂凡思想皆能實現也。我人處政治俶擾社會不平之日。乃懸想一共產主義無政府主義。認爲未來之黃金時代。然我不敢謂共產主義無政府主義實現之日。卽足以滿足人類之慾望。何者。世上之物質有限。而人類之思想無限。必由物質上之需要。以求人生安慰之方法。吾恐方法千萬易。而最後目的終不能如願以相償。世人方

認共產主義無政府主義。足以解除人類之痛苦。殊不知共產主義無政府主義實現之日而人類不安之狀況仍自若。爾時必有他種之新學說新主義以爲安慰人生之具。若問其最後目的何時達到則古去今來總不出此循環遞嬗之局。非至地球燬滅之時。則人類寧有平等安樂之日乎。

物質既不能滿足人生之慾望。則爲精神上之安慰計。祇有研究方法。以禁遏個人之思想。然根據科學以解決分配問題。則日用生活之所需比較上或不至於缺乏。而謂人類因有分配方法。從茲可以脫離苦境。無是理也。况人生問題。必不止日用生活之所需。如曰物質之外。仍不能不謀精神上之安慰。則科學之作用窮。

佛教之極樂世界耶教之天堂。此爲愚夫愚婦之所信。而實不値識者一笑。然我思之我重思之。佛教之極樂世界耶教之天堂。與今人理想中之黃金時代有以異乎。無以異也。夫節慾云者自行節制之謂。今個人之權利思想。既使之極端發達。而又依科學原則使受物質上之裁制。抑知人類既不能滿足其慾望。精神上必受無限之痛苦。例如鄉村農人。終身不入城市。布衣蔬食怡然自得。假令導之日遊於繁華之上海。而强其布衣蔬食如故。則其人初必失望。繼而有非分之想。故鄉村風俗多淳厚而儉朴。而男盜女娼之事。率發生於都市之中。此可見物質愈進步而人類之精神上愈增痛苦矣。今人亦知都市生活不適宜於人類。於是有使都市爲鄉村化之一說。其意甚美。然吾不能無疑者有二點。今人既迷信科學。日求物質上之進步。而又以一種權力限制各個人之享用。是直舉世界人類胥爲機械上之死物。夫使人類有形體而無靈性。則應用科學以管理此複雜之人類。尙非不可能之事。無如形體之外各具靈性。科學可以管理人之形體。而必不能管理人之靈性。夫由鄉村而成都市。本社會進化之表徵。否則老死不相往來。則都市亦難存在。物質發達之結果。積鄉村而成都市。使物質漸歸消失。都市將自成荒落。今一面求物質上之進步。而一面又强人類安於鄉村之生活。此種矛盾之主張。不能無疑者一也。共產主義無政府主義。今所謂學說也。然自人類進化史上觀察之。與其謂爲新學說。毋寧謂爲復古之思想。上古草昧甫開。人類生活至爲簡單。既無政府亦無所謂私有財產。故各盡所能各取所需。各有絕對之自由。各得圓滿其個人之慾望。自社會演進。於是有政府有私有財產制度。人類之苦樂不均。而階級戰爭之禍作。問其最後之目的。不外曰各盡所能。各取所需。各有絕對之自由。然則此種最後之目的。太古時代已實行之矣。不過太古時代之人類。以一人之身百工爲備。故日用生活毫無組織。今欲以科學上之新組織。冀達此最後之目的。此種思想其爲進化歟。抑爲退化歟。如曰進化。則以非科學上之無政府主義共產主義。而易以科學上之無政府主義共產主義。進化誠進化矣。然社會組織幾經變遷而後。所謂各盡所能。各取所需。各有絕對之自由。豈能完全實現。倘必指定在一種程度之下。則進化之謂何。如曰人類進化未必卽爲幸福。爲人生安樂計。毋寧復返太古之舊。然物質發達之後。而必使人類咸安於枯寂。夷膏粱文繡之場。返平淡粗野之俗。試思此時之人類。其發生若何之感想乎。此不能無疑者二也。要之今人如爲權利之主張。則向物質方面奮鬥。其結果爲爭奪爲自殺殺人。皆可勿論。如認人生問題。尙有較物質爲重要者。則今人理想中之黃金時代。必不能滿足人類之慾望。若必懸此以爲的。使人類幾經爭奪自殺殺人之奮鬥。羣向此的以趨。假令今人理想中之黃金時代。果能完全實現。則有志竟成。寧非人類之幸。然吾恐黃金時代之人類。其精神上之痛苦。未必少減於今日。更進言之。今人因物質上之不平。乃夢想未來之黃金時代。果所謂黃金時代實現。吾恐爾時之人類。其夢想另一黃金時代。又無殊於今日也。是故從物質方面以求最後之黃金時代。則人類慾望無止境。卽最後之黃金時代無實現之日。如曰我人所謂黃金時代。亦不過一種精神上之安慰。然則佛敎之極樂世界。耶敎之天堂。非亦一種精神上之安慰乎。故黃金時代也。極樂世界也。天堂也。取徑不同。作用則一。宗敎不徹底者也。惟其不徹底。並使人對於一切事物不必求徹底。而宗敎之作用乃顯。人類慾望既無滿足之日。則由少壯而老死。悉在希望與失望之中。希望與失望。皆足以造成人類之罪惡。況科學原則。既無以節制其希望物質方面。又無以安慰其失望。故爲節慾與安慰計。而宗敎乃應運而興。故由此點以研究宗敎之作用。則我所引爲宗敎罪者。適足以彰宗敎之功。我之言曰「阻碍世界之進化者也」然進化其有窮盡乎。其無窮盡乎。如有窮盡不能徹底也。如無窮盡更不能徹底也。况進化云者以何爲標準。上古未有衣服。後世乃被以冠裳。此固人類進化之表現者也。今人大談其自由主義。謂若認袒胸裸體爲可恥。則恥之一字本專制時代之產物。非根本推翻不可。此種主張在思潮橫決之時。自可風靡一世。然謂爲世界進化之表現。則我不敢謬爲贊同也。世界進化非直線。亦非曲線。乃一圓形也。進化至於某種程度之點。漸折入於原日地位。故進化二字在英文爲 Evolution 而 Revolution 則譯爲革命。若在機械學上則譯 Revolution 爲周轉。例如機械上之輪。每分鐘周轉五百次。卽爲 500 RevolutionsPer minute 由此意義以解釋之。Evolution 爲進化 Revolution 革命爲再進化。而此 Revolution 實爲周轉之意。卽進化再進化之後。於是周而復始矣。若夫天道周星。物極必反。前儒論事物之終始。本諸無往不復之理。昔西人航海觀測。終回至出發之地點。是可知地球本體圓而不方。唯人類進化其理正同。是故小之日用生活冠裳文物。大之社會主義無政府主義。考其變遷之迹。不外循環周始之作用。宗敎知其然也。是故對於現代所存之事物。悉認爲於人無益。執是以論其迹。固阻碍世界進化者也。然深思以考求其故。則所謂阻碍進化者。實爲保留永久進化之方法。此以不徹底而顯其作用者也。我之言曰「胥世界人類而希望於冥漠之天堂沉酣於現身之苦境苟且偸安成爲習慣天堂之迷夢未醒人類已沉淪於地獄」此所以激勵被壓迫之人類。使爲生活及自由而奮鬥。故就人類目前之利害論則宗敎實有反對之理由然奮鬥之途徑甚遼遠。如不認定一種程限。必至一苦境方去而他苦境又來。凡有生之日。悉仍在苦樂相乘之中。如曰假定範圍。則甘處苦境者又何人乎。宗敎又知其然也。虛擬一愉快之境。使現處苦境之人類。皆有同等之希望。更借福善禍淫之理。示人以奮鬥之途徑。冥冥之中。自有主宰。而社會乃得以互相維繫。夫人必有希望而後可以處現身之苦境。人必希望在物質以外。則雖苟存性命。而精神上之奮鬥自足以保持人類之安寧。此又以不徹底而顯其作用者也。

奮鬥屬於剛性。有抵抗之意義。宗敎本不反對人類之奮鬥。然對於被壓迫之人類。亦不欲其注重現境。釀成爭奪殘殺之禍。故博愛平等主義。實並壓迫者與被壓迫者而予以一深切之訓勉。若夫地獄之說。直爲壓迫者而發。人生百年終有歸盡。現身之尊榮權力。無補於死後之苦境。人類苟明乎此。則被壓迫者得有精神上之安慰。而壓迫者亦不能不怵於最後之裁判。今者解放運動風起雲湧。問其解放之道。則以抵抗對。宗敎不主張抵抗者也。耶曰「視敵如友愛人如己」佛曰「我不入地獄誰入地獄」執是以論。則今之主張人類解放者。其反對宗敎之束縛也。誰曰不宜。雖然謂宗敎不主張抵抗則可。謂宗敎不主張解放則不可。今之主張解放者。以殺人爲解放。而宗敎之解放。根本之解放也。其解放之法。則非使被壓迫者與壓迫者抗拒而在乎使壓迫者覺悟自身之罪惡。夫以抗拒而解放。往往矯枉過正。適足開報復之端。轉不若一方面予被壓迫者以安慰。一方面促壓迫者之覺悟。此種解放運動。雖曰不徹底。然試問壓迫者與被壓迫者果能徹底消滅乎。如其不然。殺人之父者人亦殺其父。殺殺相尋。何時可了。是解放運動終無徹底之方法也。

塵世皆苦境也。芸芸衆生中。能脫離苦境者幾何人乎。宗敎之最大作用。救苦是也。凡人受物境上之痛苦。旣無術以自慰。轉不若委心任運。歸之於神佛之權能。唯其充滿盡人事聽天命之心理。則外界之苦雖增。而精神之苦漸減。古來才士坎坷。美人憔悴。其所以强爲歡笑者。寧不曰實命不猶乎。況乎苦樂本無定也。安於苦者則習焉而不察。久而久之則所謂苦者。不復知爲苦矣。人苟以現境爲苦。而必求樂境之所在。神佛權力。旣不足以範圍人類之思想。以不安於現狀之故。而不平之心乃起。自是以後。奮鬥抵抗。無日不作棄苦尋樂之夢。然奮鬥抵抗之結果。不特外界之苦未去。而精神之苦益多。夫沉酣於苦境。苦中尚有樂趣。若陷溺於苦境。斯無以自拔矣。神佛之言曰「爾輩人類何苦如此。爾但誠心信奉爾之苦去矣」我固知神佛爲荒誕者也。然我信神佛之言。絕對不謬。何者。此所謂宗敎之作用也。

耶蘇新約馬太十三章「天國猶寶地也有見之輒大悅則匿不以告欣然歸盡賣其所有而來買此地」此言人類現在所認爲寶者。總不及天國之爲至寶。能認知未來寶地之所在。則現在之寶均可捨棄。更淺言之。富厚尊榮權力皆今人之所謂寶而實不足寶也。又路加十六章「昔有富人紆青拖紫葛衣線緣張華筵盛席又有乞丐曰拉撒路瘡疥徧體夾於富人之門欲得殘渣零屑之自富人桌上擲下者以充飢腸而羣犬猶來嗅舐其瘡其後乞丐死天使迓之入天國亞伯拉罕懷抱之富人尋亦卒沉淪冥獄備受痛苦舉目遙見亞伯拉罕拉撒路在其胸乃呼籲乞救」此所以安慰貧乏之人。使知現身之苦境。爲期甚短。而未來之樂境。永永無極。又所以警告資本家，使知窮奢極欲。不過現身之樂。而未來冥獄中。已爲之預留一席地矣。社會主義在乎分割資本家之剩餘。璧還於大部分之貧人。耶教則勸資本家棄其資本貧者不必有爭奪之思想。是二者所採用之方法。各有不同。而消除貧富階級之主旨。則正復相同。又馬太六章「勿積財寶於地地有蠹銹失竊之憂宜貯之於天天上無蟲無盜且不毀蝕也汝財之所在即汝心之所在「中略」一人不能事二主受此必惡彼重彼必輕此汝曹何得既事上帝又奉財神「中略」故予戒汝曹毋爲生命憂飲食毋爲身體憂衣服「中略」試思曠原之草朝生夕燬而上帝猶美飾之如此何況汝曹乎是以勿爲飲食衣服憂飲食衣服是求者唯外邦人爾曹所需帝已咸知求神之國與神之義得義與國萬物隨之矣」此言可概括爲二點。一世人日用生活之所需咸爲神之所有。一凡愛世上財寶之人即失其事上帝之資格。又加拉太五章「肉慾之事皆顯而易明如姦淫汚穢邪僻拜偶異端仇恨爭競其心忿怨怒植黨門角左道嫉妬酗酒荒宴等是凡行此者必不能承受神國（中略）凡屬基督耶蘇之人以肉體與肉慾釘於十字架上矣」人類所最難解决者。厥爲肉慾問題。故無論何種新主義新制度。皆不能滿足人類之慾望。如必以一種法律各予以肉慾之範圍。是仍不脫專制政治之舊。豈主張徹底革命者所能容認。耶教假借上帝以束縛人類之思想。而其節慾之作用。自超出尋常法律之外。新約中關於節慾之訓。偏重姦淫之戒。我初甚異之今乃知其作用之妙。蓋人類本具有獸性。所以能相互維持者。全藉社會上法律上之制裁。然姦淫之案。仍未之少減。假令人各有絕對之自由。試問以何方法而制裁此種獸性之行爲。又試問青年婦女。何以避免男性之蹂躪。吾前言人性不平等。人類即不能平等。關於此點。亦一證據也。耶教有見夫此。故鄭重聲明之曰。凡屬基督耶蘇之人。已以肉體與肉慾釘於十字架上。此種節慾之作用。正所以濟政治法律之窮者也。

佛理者哲學也。本不可以宗教論。顧淨土等宗。則爲普通人學佛之途徑。其他經典。每舉學佛之結果。以示佛力之廣大。例如勸人環游世界。不能不先告以紐約巴黎倫敦等之繁麗。佛之先告人以結果。其旨亦在乎此。不過佛以解脫爲主。故雖先示人以結果。然於結果之結果。則必以微言要義。使信者自行覺悟。此所謂法無分別。慧根人悟慧根法。鈍根人悟鈍根法也。觀世音爲愚夫愚婦所篤信。其經文曰「眞觀清淨觀廣大智慧觀悲觀及慈觀常願常瞻仰無垢清淨光慧自被諸闇能伏災風火普明照世間悲體戒雷震慈意妙大靈樹甘露法雨滅除煩惱燄淨訟經食處怖畏軍陣中食彼觀音力衆怨悉退散妙音觀世音梵音海潮音勝彼世間音是故須常念念念勿生疑觀世音淨聖於苦惱死厄能爲作依怙具一切功德慈眼視衆生」「我爲爾略說聞名及見身心念不空過能滅諸有苦假使興害意推落大火坑念彼觀音力火坑變成池或漂流巨海龍魚諸鬼難念彼觀音力波浪不能沒或在須彌峯爲人所推墮念彼觀音力如日虛空住或被惡人逐墮落金剛山念彼觀音力不能損一毛或值怨賊繞各執刀加害念彼觀音力咸即起慈心或遭王難苦臨刑欲壽終念彼觀音力刀尋段段壞或囚禁枷鎖手足被械杻念彼觀音力釋然得解脫咒詛諸毒藥所欲害身者念彼觀音力還著於本人或遇惡羅刹毒龍諸鬼等念彼觀音力時悉不敢害若遇獸圍繞利牙爪可怖念彼觀音力疾走無邊方蚖蛇及蝮蠍氣毒煙火然念彼觀力音尋聲自迴去雲雷鼓掣電降雹澍大雨念彼觀音力應時得消散衆生被困厄無量苦逼身觀音妙智力能救世間苦具足神通力廣修智方便十方諸國土無刹不現身種種諸惡趣地獄鬼畜生生老病死苦以漸悉令滅」此以信佛之結果爲人說法。在我輩視之。覺其言過於荒誕。而愚夫愚婦乃認爲眞能救苦救難。然迷信既篤。則念念卽有觀世音在。雖愚鈍不肖之人。亦可以減少其作惡之言行。況乎我輩所指爲荒誕者。實我輩之未悟耳。試思「聞名及現身心念不空過」又曰「常願常瞻仰無垢淸淨光」此告念佛者除觀世音外不可有他念也。又曰「勝彼世間音是故須常念念念勿生疑」假使念佛者常念觀世音。以至念念皆觀世音。試思此人尙有惡念否。惡念既無。則害社會之事更何從發現。念佛之人至此程度。則一切苦難豈有不消滅之理。我輩若認爲荒誕。誠淺之乎視佛理矣。又阿彌陀經曰

爾時佛告長老舍利弗從是西方過十萬億佛土有世名曰極樂其土有佛號阿彌陀今現在說法舍利弗彼土何故名爲極樂其國衆生無有衆苦但受諸樂故名極樂又舍利佛極樂國土七重欄楯七重羅網七重行樹皆是四寶周匝圍繞是故彼國名爲極樂又舍利弗極樂國土有七寶池八功德水充滿其中池底純以金沙布地四邊階道金銀琉璃玻瓈合成上有樓閣亦以金銀瑠璃玻瓈硨磲赤珠瑪瑙而嚴飾之池中蓮華大如車輪靑色靑光黃色黃光白色白光微妙香潔舍利弗極樂國土成就如是

功德莊嚴（中略）舍利弗於汝意云何彼佛何故號阿彌陀舍利弗彼佛光明無量照十方國無所障礙是故號爲阿彌陀又舍利弗彼佛壽命及其人民無量無邊阿僧祇刼故名阿彌陀舍利弗阿彌陀佛成佛已來於今十刼又舍利弗彼佛有無量無邊聲聞弟子皆阿羅漢非是算數之所能知諸菩薩衆亦復如是舍利弗彼佛國土成就如是功德莊嚴（中略）舍利弗衆生聞者應當發願生彼國所以者何得與如是者上善人俱會一處舍利弗不可以小善根福德因緣得生彼國舍利弗若有善男子善女人聞說阿彌陀佛執持名號若一日若二日若三日若四日若五日若六日若七日一心不亂其人臨命終時阿彌陀佛與諸聖衆現在其前是人終時心不顚倒卽得往生阿彌陀佛極樂國土舍利弗我見是利故說此言若有衆生聞是說者應當發願生彼國土

阿彌陀經中。其描寫極樂國土莊嚴燦爛。至矣盡矣。然太空之中地球之外。極樂國土果在何處。談科學者每指斥其妄。而不知佛理固不妄也。人無論賢愚不肖。無論窮通壽夭。而皆有一死。人人知生之外必有一死。故現身安樂者。希望增加死後之安樂。現身痛苦者。希望減免死後之痛苦。人人有此願。佛之作用。遂顯。故淨土一宗。得普通人之信仰者在此一點。愚夫愚婦。但知日念阿彌陀佛經。卽得往生淨土。然但念經者未必能往生淨土。則阿彌陀經中固已言之矣。如「不可以小善根福德因緣得生彼國」又曰「一心不亂其人臨命終時阿彌陀佛與諸聖衆現在其前是人終時心不顚倒卽得往生阿彌陀佛極樂國土」由是言之。善根小福德薄者不能往生彼國。而善男子善女人發願願生彼國。仍必以一心不亂心不顚倒爲主。夫人發願成佛。至於一心不亂心不顚倒。若而人者非佛而何。故使衆生皆發願成佛。則無論信之程度如何。而人類爭奪殘殺之禍。必可減少。此佛之作用也。耶教與佛教有異同乎。曰有。假借神佛之力。行使其勸戒之方法。此則耶佛所同也。若夫萬有皆空諸相盡妄。此種佛理。豈粗淺之新舊約所能同日而語。佛經中常稱佛號。願衆生成佛。甚至勸人念佛。一若宇宙間果有佛存在者。然如金剛經固世人所信仰之經典也。金剛經曰

> 佛告須菩提諸菩薩摩訶薩應如是降伏其心所有一切衆生之類若卵生若胎生若濕生若化生若有色若無色若有想若無想若非有想若非無想我皆全入無餘涅槃而滅度之如是滅度無量無數無邊衆生實無衆生得滅度者何以故須菩提若菩薩有我相人相衆生相壽者相卽非菩薩

又曰「如來常說汝等比丘知我說法如筏喩者法尙應捨何況非法」又曰「所謂佛法者卽非佛法」又曰「世尊何以故實無有法名阿羅漢世尊若阿羅漢作是念我得阿羅

漢道卽爲著我人衆生壽者」又曰「離一切諸卽名諸佛」又曰「若人言如來有所說法卽爲謗佛不能解我所說故須菩提說法者無法可說是名說法」又曰「汝等勿謂如來作是念我當度衆生須菩提莫作是念何以故實無有衆生如來度者若有衆生如來度者如來卽有我人衆生壽者」故觀於以上所舉各節。可知經文中已明言佛法之空。至所謂如來。世人所認爲我佛如來也。然佛且無有何況於我。故經文中更鄭重言之曰。「如來者無所從來亦無所去故名如來」卽此寥寥數言。已將如來佛解脫淸楚矣。夫宗敎者以迷信爲原則者也。佛則願人成佛。而又告人曰「所謂佛法者卽非佛法」如來世人所信仰之佛也。乃必告人曰「如來者無所從來亦無所去故名如來」由此觀之。佛者有宗敎之作用。而無宗敎之迷信。自其淺焉者觀之。可以謂之曰宗敎。而自其深焉者觀之。又豈宗敎所能盡其意乎。

佛學之有禪宗。其在哲學上地位。嘆觀止矣。惠能大師曰

> 世尊在舍衛城中說西方引化經文分明去此不遠若論相說理數有十萬八千卽身中十惡八邪便是說遠爲其下根說近爲其上智人有兩種法無兩般迷悟有殊見有遲疾迷人念佛求生於彼悟人自淨其心所以佛言隨其心淨卽佛土淨史君東方人但心淨卽無罪雖西方人心不淨亦有愆東方人造罪念佛求生西方西方人造罪念

佛求生何國凡愚不了自性不識身中淨土願東願西悟人在處一般所以佛言隨所住處恆安樂史君心地但無不善西方去此不遙若懷不善之心念佛往生難到今勸善知識先除十惡卽行十萬後除八邪乃過八千念念見性常行平直到如彈指便覩彌陀使君但行十善何須更願往生不斷十惡之心何佛卽來迎請若悟無生頓法見西方只在剎那不悟念佛求生路遙如何得達「中略」自性迷卽是衆生自性覺卽是佛慈悲卽是觀音喜捨名爲勢至能淨卽釋迦平直卽彌陀人我是須彌邪心是海水煩惱是波浪毒害是惡龍虛妄是鬼神塵勞是魚鼈嗔貪是地獄愚癡是衆生

又曰「佛者覺也法者正也僧者淨也自心歸依覺迷邪不生（中略）經文分明言自歸依佛不言歸依他佛自佛不歸無所依處

又曰「前念不生卽心後念不滅卽佛成一切相卽心離一切相卽佛又告僧法達曰汝今信佛知見者只汝自心更無別佛蓋爲一切衆生自蔽光明貪愛塵境外緣內擾甘受驅馳便勞他世尊從三昧起種種苦口勸令寢息莫向外求與佛無二故云開佛知見（中略）若能正心常生智慧觀照自心止惡行善是自開佛之知見

又告僧志誠曰吾所說法不離自性離體說法名爲相說自性常迷須知一切萬法皆從自性起用

又留別告諸徒衆曰若識衆生卽是佛性若不識衆生萬劫覓佛難逢吾今敎汝識自心衆生見自心佛性欲求見佛但識衆生只爲衆生迷佛非是佛迷衆生自性自悟衆生是佛自性若迷佛是衆生汝等心若險曲卽佛在衆生中一念平直卽是衆生成佛

我心自有佛自佛是眞佛自若無佛心何處求眞佛汝等心自是佛更莫狐疑

禪宗要旨。全在自性自悟。凡一切色相均非自性。此於哲學上之唯心論。宜若可以徹底解決矣。然而自性既悟之後。將爲何種境界乎。惠能大師臨終時又言曰「但識自本心見自本性無動無靜無生無滅無去無來無是無非無住無往「此又不徹底之言也。夫人生問題。以不能徹底解決。於是有哲學。哲學仍不能徹底。於是佛則一切皆空。禪宗更主自性自悟。宜可以徹底解決矣。然識自本心。見自本性。再進而窮其所至。則惠能大師亦祇能答以無動無靜。無生無滅。無去無來。無是無非。無住無往。由此言之。宇宙萬有。竟無有徹底解決之方法矣。豈佛法亦有窮盡歟。

人口問題世界之大問題也。此問題不解決。則人類生活之所需。無論如何分配。終有不能供給之一日。近人倡節制生育之說。然節制方法。無論醫學上法律上道德上。皆不能收減少人口之効。耶敎之戒奸淫輕肉慾。似於人口問題有關。而其無効則一也。惟佛色相皆空。人我無相。既不造因。於何有果。既能不生。於何有滅。人口問題者。因生產增加。故有問題。苟無增加之因。則必不得人口過多之果。且既有生卽不能無滅。此卽所謂殺機也。亦卽人口問題所由起也。夫世上最殘酷之事。莫過於殺人。我自問腦筋太弱。固無殺人之勇氣。卽傷者之血肉狼藉。我亦不忍目覩。我每獨居深念。甚欲求一方法。使世上永無殺人之事。然思之又思之。我不忍殺人。而人之殺人日不知凡幾也。人不殺人而造物之殺人日又不知凡幾也。況人不殺人。造物又不殺人。則人口增加愈無止境。地球雖大其何以容。佛曰「不生不滅」又曰「愼勿造因」我聞是言乃恍然於弭殺之方法矣。蓋生生不已。勢不能不殺。生機卽殺機也。非殺人不能生人。殺機亦生機也。故欲弭殺。惟有弭生。苟能不生。殺亦無自。人但知佛說戒殺。而不知佛實戒生。人能戒生。則所謂人口問題。寧復有存在之餘地乎。更退一步言之。一切衆生。凡發願成佛者。無論其人能否成佛。而對於肉體與肉慾更不能有所執着。故使世人皆念佛信佛。則一切善男子善女人。必趨向於淸滅寂淨之途。果一切衆生悉爲佛滅度。則人口問題豈尙待我輩解決乎。藉曰少善根福德因緣者不可以成佛。然衆生皆念佛信佛。必有大部分之人能本戒定慧之旨。發願往生淨土者。是人口問題。今人以不能解決爲慮。而不知佛敎固自有解決之方法在也。韓愈罵奉佛敎之人。謂其不耕而食不織而衣。非火其書焚其居不可。我初甚贊同其言。由今思之。人人方注重於物質上之慾望。物質不足供給。遂有人滿之患。使一部分之人。能以緇衣素食自安。則社會上固減少一部分之紛擾。而物質方面。更可減少其一部分之銷耗。又如糧食問題。爲今人所注重。管理籌畫。胥假政治之力。然穢棄五穀。必遭天譴。愚夫愚婦奉爲訓條。此種消極之方法。亦足以補政治之所不及。近人主張和尙應娶妻食肉。與其他國民同。此實不知宗教之作用者也。蓋不娶所以解決人口問題。素食所以減少物質之耗費。此種作用。又豈談科學者所能領悟乎。

宗教與科學。其立足點絕不相同。宗教則虛擬一不徹底之境以自封。科學則無論何種問題。皆欲以科學徹底解決之。雖然世上一切問題。果能徹底解決乎。不能也。綱常名教。今人所認爲毫無理由者也。於是主張徹底革命。禮義廉恥云云。何所謂禮。何所謂義。何所謂廉。何所謂恥。若必嚴格以求其故。實無徹底之理由。然必事事物物皆欲徹底以求其理由之所在。其結果非人人自殺不可。何以言之。試舉一簡單之例。人莫不飲食也。而必不能知其理由之所在。如謂生理上新陳代謝之補充。不能不藉飲食之力。然飲食之後必排泄。排泄之後又復飲食。飲食排泄。排泄飲食。互爲矛盾。徒自苦惱。我人試徹底以思。有不啞然失笑者乎。夫綱常名教禮義廉恥。人所認爲非徹底解決不可者也。然而飲食排泄。人類之受其束縛。正與綱常名教禮義廉恥同。我人對於世上一切事物。既以徹底解決爲主張。則此飲食排泄之問題。能漠然置之乎。如曰不能。自非徹底解決不可矣。雖然飲食排泄者。人類所以維持其生命也。必欲徹底解決之。則人類生命卽爲第二步之問題矣。塵世者地獄也。生老病苦死。人類無日不在憂患之中。如必認人類生命有維持之理由。是則綱常名教禮義廉恥。亦自有其可以維持者在。故必主徹底解決之說。則人類非相率而自殺不可。我更痛言之。世人迷信科學之作用。其結果雖不自殺。亦必日超於相殺之途徑。宗教家憂之。故懸一不徹底之神佛。使人捨棄肉體之希望。忘却現境之痛苦。而以不徹底之神佛爲依歸。我信科學之實。我反對宗教之空。然有科學之實。詎可無宗教以空之。夫事事必求徹底。而無一事有徹底之理由。物物必求徹底。更無一物得徹底之存在。科學與宗教。相反而實相成者也。我信科學。我尤不能不贊許宗教之作用。

神佛之說。其誕妄固矣。然萬物至繁。何一而非誕妄之物。人事至雜。何一而非誕妄之事。宗教家之迷信。固爲今人所不諒。而不知政治之組織。法律之効力。社會之演進。個人之利害。權勢之得失。名譽之隆汚。新舊之蛻化。男女之戀愛。風俗之奢儉。科學之研究。審美之觀念。服飾之更易。俠義之犧牲。勇敢之行爲。使徹底以求其故。則無一而非迷信之作用。夫人生問題。既不能得一徹底之解答。必欲打破此疑團。是適以增加精神上之痛苦。試思生也何樂。死也何哀。推而至一飲一食一動一息。皆不外迷信之結果。迷信一去。則人類亦絕。是故宗教之迷信。非但迷信而已也。宗教之作用實在乎此。現世宗教不止耶佛二種。然舉耶佛即可概括其餘。孔老之人生哲學。不能以宗教論。當別爲文以說明之。

第十五章　科學與人類

科學萬能。吾所承認。而科學與人生。其爲禍爲福。則吾所懷疑。抑匪特懷疑也。吾所感覺者。自科學進步以後。人類所受之影響。無論直接或間接。皆爲禍多而爲福少。此非虛泛之理想。自有事實可以證明。世之迷信科學者。輒謂世界一切事物。皆可以科學之力解決之。吾所見則異。是以個人研究所得。則有二點在。一、科學不能徹底者也。今日自然界之推測。新器物之發明。事業上之管理。其進步之成績。久爲吾人所驚歎。靡科學之力豈能及此。由是言之。則世上一切事物。昔之所謂不能徹底解決者。惟科學可以徹底解決之。此固信而有徵者也。雖然。世上之事物至繁。而科學所已解決者亦正無幾。如醫學爲人類最重要之問題。然不治之病甚多。迄今尚未得治療之方法。昔人謂巧奪天工。今則人事愈進步。而天然之抗拒亦隨而增加。故醫學進步。則新奇之病益出。年來有所謂昏睡病者。往往一睡卽死。此種奇病爲古代所未有。而發生於科學進步之後者也。又如不可思議之靈能。昔人指爲仙爲佛爲魔之神通。若以科學解釋之。則此靈能爲何。近人研究精神上之靈能。亦頗有成効。而不知此種事實已爲古代所常見。今日科學程度之幼稚。固無解決之方法。卽科學極端進步。亦必無徹底解決之日。又如術數之說。吾人所不道。然事實上可以證明者甚多。人生運命隱若有操縱於其間者在。此操縱之者爲誰。科學能徹底解決否。地球繞日周而復始。運行不息。自有其軌道之可循。然創造此軌道者誰。科學能徹底解決否。太空之中星球若干。太陽若干。吾人固不知其究竟。然太空之外尚有何物。科學能徹底解決否。此不過略舉數端。其他不能解決之問題更難以枚舉。藉曰今日科學程度尚屬幼稚。故許多問題未能解決。他日科學昌明。必將不能解決之問題。一一以科學之力解決之。此種迷信科學之心理。正與迷信宗教同。然而姑舍是。吾承認科學萬能。有解決一切事物之能力。顧能否徹底。則有先決之二問題在。一世上一切事物。皆人類思想之表現。亦即所以供給人類之需要。人類之智識道德至不齊一。則思想與需要必不能強使之同。惟其不同。而一切事物愈欲解決而頭緒愈多。故必使人人有同等之知識。人人有同等之道德。則世上一切事物。或有徹底解決之希望。然科學之力能否舉人類而徹底改造之。此一疑問也。二科學進步之遲緩。人壽短促。實爲最大原因。今假定人壽八十歲。而除去幼稚時期若干年。求學時期若干年。老衰時期若干年。所能以其才力研究科學者。爲時不過四十年。而此四十年中。疾病除去若干時日。睡眠休息除去若干時日。憂患除去若干時日。事務生計除去若干時日。故此四十年中所餘之時日至爲短促。往往以畢生之精力研究科學。及稍有所得。而旋卽老死。雖後之人襲其緒餘。或得竟其未竟之志。然後人之壽命短促。固無以異於前人。苦心研究。亦無恆久繼續之方法。夫人類之在地球。正如須彌之芥子。而地球生命究有若干億兆年。人類附屬其中。亦正與電光石火等。故人復一人。時復一時。一事物研究未得結果。他事物研究又將開始。舊事物正待解決。新事物又忽而發生。循環周始之間。新陳代謝之下。人類生生死死。不知經過若干億兆年。而若干億兆年後。地球生命能否不生問題。吾恐科學未能徹底之先。而地球已壽終正寢矣。故必使人人有生而無死。得以若干億兆年之長時日。舉宇宙萬有而徹底解決之。即至地球毀滅。此附屬之人類。亦得以遷徙於他星球之內。果如是。亦庶幾乎徹底矣。然而科學之力能達到此境地否。此一疑問也。於此二疑問。以吾人想像所及。實無解決之方法。假令能徹底解決矣。然人人有同等之知識。人人有同等之道德。人人又皆有生而無死。此時人類已成所謂神仙佛菩薩。而非復今日人類之舊。夫風火魔刼。神話所載。謂雖天仙不免。如科學徹底。並種種刼數而避免之。斯可謂萬能之極軌矣。顧星球毀而復毀。而此永永不滅之人類。其有止境乎。其無止境乎。如有止境。則不能徹底也。如無止境。亦不能徹底也。二、科學不必徹底者也上論科學不能徹底。就令可以徹底而結果亦歸於不能。茲捨去能否之問題。而研究科學與人類之關係。今試問人類瑟縮於世界之上。忽忽數十年。所最大之要求。非所謂愉快之生活乎。科學之用。能使物質進步。增加生活上之愉快。然此片面之言也。物質進步。則人類之慾望愈高。而物質有限。必不能滿足人人之慾望。於是人與人之爭端起。個人爭之不足。則以國家之力爭之。一國爭之

不足。則聯合數國以爭之。蓋自科學進步以來。而悲慘殘忍之戰爭。愈增加其程度。試取近世戰爭史而比較之

交戰國	參戰兵數	戰爭時期
德奥戰爭	一百萬人	四個月
德法戰爭	一百二十萬人	八個月
日俄戰爭	一百五十萬人	兩　年
歐洲戰爭	一千七百五十萬人	五　年

由此表以觀之。可見戰爭之禍。實隨科學而進步。試考歐洲戰爭以後。所改良之殺人利器。愈推廣其範圍。所發明之殺人利器。愈表示其巧妙。夫使現代人類。猶是數百年以前之知識。則科學爲何。固吾人所不解。物質上之享用。必不如今日之完美。然戰爭之禍。雖未能避免。而殺人之時期。必不如今日之延長。殺人之數目。又必不如今日之擴大。故科學在人類上。實構成兩種罪案。其一則誘起人類之慾望。使之自相殘殺。小而刼掠。大而戰爭。皆是也。其二則兇器進步。精益求精。殺人數目。愈殺愈多。要言之。戰爭之起原。戰禍之慘酷。皆科學進步之結果。近人所謂縮減軍備會議。和平會議。誰不曰將以維持人類之安寧也。然會議雖開。効果毫無者何也。則科學進步爲之梗也。故科學者實人類之大敵。淺視之似爲人類

造福。深察之直爲人類造禍。故徹論不能徹底。卽能矣。人類又何需此科學爲。聞者必以吾言爲偏執爲頑舊。然吾不承認也。例如吾國之有中醫西醫。中醫者所謂非科學上之醫學也。西醫者所謂科學上之醫學也。在舊派人物。必謂中醫勝於西醫。甚者力詆西醫之謬。此種見解。爲我所極端反對。我固絕不信中醫之人也。何者。吾人生於科學進步之日。既知科學之効用。則此違反科學之醫術。必不能收治病之功効。此吾所敢斷言者也。雖然吾因信科學上之醫術。而必不敢謂科學可以增加人類之利益。試思未有科學以前。人類疾病至爲簡單。而非科學之醫術已足收治療之功効。卽我個人之經歷。自孩提以迄成童。凡有疾病。皆爲非科學之醫術所治愈。可見科學不發達。亦未必爲人類之禍害。況自科學進步以後。而醫學乃更顯其幼稚。此豈所請西醫不如中醫乎。非也。大抵物質發達。人慾增高而疾病亦隨而進步。如交通利便。則傳染病漸多。美國人喜食糖物。而牙醫獨盛。又如近年以來。有西班牙流行性感冒之病名。歐美人因而死者不少。此皆因室內溫度太高。使肺管漸失其抵抗寒氣之力。又如今之醫著。每勸人注意運動。以期身體康健。然使一切之代步器械。未經發明。則每日不能不步行若干里。卽有馬可乘。亦屬勞力運動之一種。凡此事實。皆足證明科學進步。適以消滅人類之康健者也。吾論科學之害。已散見於其他各篇。夫生今之世反古之道。不特爲事實所不許。抑亦非吾之本志。吾不反對科學。且承認其萬能。然萬能之結果。利與害相因而至。於人類仍無利益。則不如姑備科學一格。藉爲消磨歲月之具。無論不能徹底。固亦不必求其徹底也。夫今當科學進步之日。吾乃倡不能徹底不必徹底之說。此豈無所見而言之歟。蓋自然科學。不能徹底者也。社會科學。不必徹底者也。不能徹底而必求其徹底。則徒增煩惱。不必徹底而必求徹底。則禍至無日。要之人生問題。必不能以科學解決之。抑亦不必以科學解決之。是故認科學萬能。而必求其徹底。然何時徹底不可知。卽徹底而後。於人生亦何益。況其不能乎。吾故退一步言之。匪惟不能抑亦不必也。人生行樂耳。須科學以何爲。

第十六章　中國民族之特性

處今日生存競爭優勝劣敗之世界。吾國事事失敗。處處失敗。創鉅痛深之餘。乃發現吾國民族性種種弱點。一言概括之。則中國民族實爲不徹底之民族也。

凡一國民族之特性。其所由來者甚漸。故欲以一部分人所感受者。舉固有之民族特性而改造之。實爲不可能之事。中國民族固不徹底之民族也。今一部分之人。力主事事徹底處處徹底之說。乃奮鬥之結果。終歸失敗。即如儒者之言曰。修身齊家治國平天下。此實爲不徹底之思想。亦即民族性之所存在也。夫今人主張權利。全在乎積極之作用。若修身齊家治國平天下之說。純爲消極之作用。故必身修而後家齊。家齊而後國治。國治而後天下平。而於修身之方法。則曰欲修其身者先正其心。欲正其心者先誠其意。又重言以申明之曰。自天子以至於庶人。一是皆以修身爲本。至於由治國而平天下。似爲人類積極之慾望。驟聞之。一若有席捲宇內囊括世界之雄心矣。顧自其眞旨言之。則人人親其親長其長而天下平。其消極主張。乃至於如此。況如修身齊家治國平天下之說。則人人但求正心誠意已足治國平天下。一切政治法律及其他科學。皆非人類之所需要。夫當思想龐雜。新潮激盪之時。而此種不徹底之思想。猶能維持於不墜。亦可見民族性之顚撲不破矣。然吾人平心以推論之。使人人皆能修身齊家。則國豈有不治。天下豈有不平者乎。此種學說。實有至理。

不過知之匪艱。行之維艱。試思人類至衆。性質各殊。以何方法而能使人人各修其身。如不能使之一致。則治國平天下之願望。未易達到也。此所謂不徹底也。顧從他方面以觀察之。近人權利主義極端發達。人人不修其身而以治國平天下爲目的。然而權利互相衝突。卒釀成爭奪殘殺之結果。愈爭奪殘殺而國愈亂。天下愈不平。由此觀之。則徹底之主張。未必爲人類之福。而不徹底之思想。又未必卽爲民族之弱點也。

辛亥革命以前。吾國人知有朝廷不知有國家者也。民國成立而後。一部分之愛國運動。非不風起雲湧。而大多數人民。其痲木不仁如故。論者惡之曰。是無國家思想之民族也。然吾民族果無國家思想乎。卽無國家思想。亦豈足爲吾民族之弱點乎。吾國民族。世界主義之民族。民主主義之民族也。卽如撫我則后虐我則仇之說。此種思想。流傳數千年。蔓延及全國。自其流弊言之。則不問何國何人。但能撫我皆可后之。故雖異族入主中原可也。顧自其遠大處言之。則破除一切種界國界之見。而趨重於人民之福利。是民主政治之精神。實不可與狹隘之國家主義相提並論。夫愛國愛民。本吾人所主張。苟愛國與愛民二者不可得兼。循國家主義之偏見。必舍民而愛國。然而國者民之所積。苟無民何有國。況吾人何以必愛其國。毋亦曰爲愛民。卽不能不愛國耳。夫使人民因保存其國家主義之故。日在水深火熱中。而無法以自免。吾人於此。其將任人民永受痛苦乎。抑毀棄此害人自害之假面具乎。

此固今日之大問題。而不能得一正當之解決者也。然而「民爲邦本本固邦寧」又曰「國以民爲本」古代學說早已確定其解釋。故引而伸之假令愛國與愛民二者不可得兼。則必安民而棄國無疑矣。夫國際競爭。正人人血脈僨張之時。今以輕國重民之說進。未有不被斥爲頑錮者。顧思之思之。此種頑錮之見。以國家主義論。誠吾國民族之弱點。若以世界主義民主主義言。豈非吾國民族性之特長乎。雖然吾國民族固無極端之主張者也。夷夏之辨甚嚴。則世界主義不徹底。勞心者治人勞力者治於人。則民主主義不徹底。既不徹底矣。然則謂之爲非世界主義民主主義得乎。不得也。何也。夷夏之辨。不過禮敎之異同。勞心勞力純爲天賦所限制。是故世界主義也。民主主義也。皆不能徹底者也。夫世界主義民主主義猶不能徹底。則今之所謂國家主義。更何足以語徹底乎哉。

吾國自有拳匪之亂。歐人遂認吾人爲排外之民族。此種觀察實根本錯誤。吾國民族對於其他民族。純取以德服人主義。卽萬不得已而用兵。亦僅在於自衛。故虞夏之於三苗。不過驅逐。周有戎狄玁狁之患。僅予膺懲。秦滅六國。威力本甚雄厚。而合全國之力修築萬里長城。但以防胡爲目的。自漢以後。邊患頻繁。無一代不受他民族之侵侮。而吾民族皆委曲遷就。以息事寧人爲本旨。若元以蒙古人入主。對外曾著赫赫之功。淸以滿人攘政。金川準葛爾等民族慘遭屠戮。幾無孑遺。此皆他種民族。挾持吾民族之力。以壓迫其他民族。固非吾民族之好大喜功也。

皇明祖訓有言「四方諸夷皆阻山隔海僻在一隅得其地不足以供賦得其民不足以供役若其間不揣量來擾我邊則彼爲不祥彼既不爲中土患而我興兵輕伐亦不祥吾恐後世子孫以中國富强貪一時戰功無故興兵致傷人命愼弗爲也」

由此觀之。我民族之和平寬大。豈其他民族所能同論乎。夫以吾民族之偉大。又向講懷柔政策。我既不壓迫其他民族。則其他民族苟有人心。亦何至無端來侵乎。而孰知竟有大不然者在。故吾國人於口舌文字之上。每以犬羊豺狼蠻番等名詞。加之於其他民族。其原因實在乎此。然不得認爲排外也。何也。曰犬羊豺狼蠻番云者。祇謂失去人類之本性。不足與言禮義耳。試平心思之。無故而以殘暴行爲。施之於其他酷愛和平之民族。人之無良。至於如此。則與犬羊豺狼蠻番又何擇焉。拳匪之亂固曰暴舉。顧人民以血肉之軀。甘與鎗砲抗。苟非歐人壓迫過甚。何至有此慘象乎。近世紀以來。歐人恃其快鎗巨砲。實行殖民政策。凡兵力所至之地。必使其他民族。永淪於奴隸牛馬之境地而後已。多行不義。猶不悛改。更以排外名稱。加之於吾國民族之上。抑知吾國民族。非排外之民族。而歐西各國之民族。乃排外之民族也。

歐洲自工業革命以後。生産過剩。不能不求銷貨之市場。而國家主義日益發達。經濟競爭遂無所不用其極。此歐洲大戰爭之所由起也。歐戰終了迄今十年。然各國經濟狀況。多不如大戰以前。國際危機又更岌岌可慮。一部分人漸知國家主義之危險。乃倡世界主義之說。吾亦主張世界主義之一人。苟有世界和平之方法。正歡迎之不暇。顧世界主義有二種。有物質之世界主義。有精神之世界主義。近人所主張之世界主義。皆物質之世界主義也。夫世界擾亂之原因。純在物質上之爭奪。物質之世界主義。必不能消弭人類之爭奪。有爭奪則世界之擾亂自若也。吾國民族皆於節慾忍耐之中。探求其生活愉快之眞理。此種特性。久爲歐人所鄙視。殊不知此爲精神之世界主義。而非自稱高等民族之歐人所能喩。夫愛好和平與主張權利。二者皆人類之天性。而又互相矛盾者也。歐西民族一面主張權利。一面愛好和平。然權利之見愈深。則和平之望益絕。蓋主張權利。卽不能希望和平。希望和平。卽不能主張權利。吾民族知其然也。故輕權利而重和平。曰節欲曰忍耐。皆今人所謂劣根性也。然人類不能節欲忍耐。而猶高談世界主義。是通以擴充戰爭之範圍而已。歐西人常有一疑問。「中國人既能發明指南針。何以不思冒險航海佔奪他人之領土。中國人既能發明火藥。何以不製造鎗砲艦隊或研究殺人之高深化學。而以火藥造烟火爆竹。徒供新年令節之娛樂」。此種疑問歐西人苦於不能解答。詎知中國民族之特性。所以異於歐人。卽在此耳。故吾國之民族。最和平之民族。亦精神上世界主義之民族也。

法律者所以主張權利。又所以約束人類之行爲者也。吾國政治紊亂。原因甚多。而法律無効。實爲其大原因。然謂法律効力能徹底乎。不能也。人人主張權利而爭端以起。此權利之不能徹底也。竊盜有罪而竊國盜名者爲功。殺人有罪而殺千萬人者爲英雄。平民犯法俯首就刑。强有力者則有種種方法以倖逃於法律之外。此猶曰階級不平等之結果。假使社會已無不平之狀況。而人類智愚不能齊一。愚者爲法律所約束。而智者之舞文弄法。固自若也。此人類行爲之不能徹底約束也。吾國論治。崇儒而黜法。故孔氏之言曰。「道之以政齊之以刑民免而無恥道之以德齊之以禮有恥且格」史遷有言「法制禁令者治之具而非制治清濁之原」是故法網愈密則罅漏愈多」故自唐虞三代以後。迄於滿清末季。論政者祇有孝治天下仁義治國之說。而未聞有所謂法律治國也。歐西人重法律而輕道德。吾國民族重道德而輕法律。例如商店夥件。虧空公款。在法律上固犯刑事上之責任。吾國人處此。但求公款有着。卽不復深究。苟得人從中調解。卽稍有損失。亦必不忍置他人於牢獄。若以歐人爲商店之主。則依法辦理。不復爲他人設想矣。又如鼠牙雀角之爭。無論所爭者爲何種目的。而吾國人乃不曰訴之法庭。而必曰訴之良心。殺人强盜。法宜重懲。然往往以母老爲辭。懇恩寬減。此種請求。在歐西詫爲奇聞。而在吾國則行之數千年。當君主專制時代。且有因此而邀官吏之憐憫者。民國以後。法院編制。法規釐定。固儼然趨向於法治之一途矣。然民事訴訟。法官須負調解之責。而人民對於權利上之爭持。亦每因法官之調解而息訟。此種調解方法。常爲歐人所疑訝。殊不知法律條文本無徹底之解釋。法律能力。亦無徹底之作用。吾民族本具有不徹底之特性。故對於私人權利。亦無徹底之主張。此種調解方法。所以不適用於權利思想極端發達之國。而獨適用於吾國也。吾對於今日之中國。固主張以法爲治者也。然吾絕不敢謂法律條文實造福於人類。蓋法律之制定。全爲強有力者意思之表現。惟強有力者可以毀法。亦惟強有力者可以造法。果法律有徹底之効力。則社會無殺奪欺誘之事。國際亦無戰爭之禍矣。故吾人如迷信法律之効力。是直爲強有力者之犧牲品耳。儒者之言曰。「相在爾室尙不愧於屋漏」又曰「仰不愧於天。俯不怍於人」又曰「無慚衾影」夫衾影爾室之中。必非法律所及之地。如欲以法律範圍之。正所謂民免而無恥也。是故儒者主仁義道德之說。而不以法律爲治。夫仁義道德。無強制執行之力。自効用言之。實不能約束人類之行爲。顧儒家論治道。首重自治。故治國平天下。基本於正心誠意。而懲罰方法。不於其身體。而於其精神。故社會制裁。在在予人以警惕。孔子所謂齊之以禮。論者每謂古人之禮。卽今人之法。然今之犯法者刑。古之犯禮者。社會上僅加以非禮之評判而已。如謂人類行爲。必須強有力之束縛。則人心風俗。今不如古者何也。此可知仁義道德之虛。遠勝於法律之實矣。近人醉心歐化。注重實質。仁義道德本成腐說。

乃大多數人之頭腦。仍保守數千年之舊。此種不徹底之特性。固非歐人所及。抑世界人類而有此種特性。正人類之幸也。若曰仁義道德無徹底之効力。則法律亦不徹底者也。其不徹底相同。而必使強暴奸黠之人。得挾條文以濟其惡。是豈計之得乎。

生活問題。爲今日人類最大問題。亦卽世界爭擾變亂之原因。邇來學說紛歧。各是其是。皆欲於生活問題。求一徹底解決之方法。然愈欲解決而枝節愈多。痛苦愈甚。此豈生活問題。無可解決乎。不然也。人類生活不能徹底者也。惟於不徹底處以謀解決之。斯解決矣。吾國民族固所謂不徹底之民族也。故於生活問題。早有解決之方法。孔子有言「君子謀道不謀食」又曰「朝聞道夕死可矣」此種學說。皆說明人生問題。其重要之點。並不在乎物質上之生活。抑人人能知物質之外。尚有重要之點在。則生活問題。解決自較容易。孔子之言。猶曰爲上智而發也。若夫「大廈千間身容數尺良田萬頃日僅數餐」愚夫愚婦。多能洞悉此中要義。大抵人類口體上之肉慾。不過當前之感覺。一至事後追思。亦平淡無奇耳。歐人富於權利思想。知進而不知退。故除稍有哲學頭腦者外。皆不能知此中奧旨。吾國民族。凡百事物。皆不主張徹底。而於肉慾爲尤甚。顧自歐西物質文明。隨輪船火車而至。人類種種痛苦。乃與物質文明而俱增。論者不察。猶復固執成見。謂歐西學說。自有解決困難之方法在。此豈所謂飲酖止渴至死不悟者耶。孟子曰「吾聞出於幽谷遷於喬木未聞下喬木而入幽谷者也」今日生活問題之困難。惟吾國民族能解決之。歐人不能也。故就窮則變變則通之理。則吾國民族特性必有化及歐西之日。今人但炫於物質上之文明。一切皆趨於舍己從人之途徑。是所謂下喬木而入幽谷者也。一誤再誤之後。徒使生活問題。益增困難耳。解決云乎哉。

男女性慾。爲今人所樂道。故禮敎之說。已無存在之餘地。夫禮敎之不近人情。固吾人所反對。然古人所以主張禮敎者。固有至理焉。其理爲何。則使人不求徹底是也。夫男女相互之關係。性慾實爲徹底之點。然使人人但知性慾而不知其他。則社會尙復成何景象。故禮敎者所以引人入於不求徹底之路。而維持人類之安寧也。語曰「男女居室人之大倫」故吾國人所以結婚娶妻。不僅在乎單純之性慾。而注重於倫常之關係。此種觀念。若以今人眼光審判之。則未有不斥爲腐朽者。然太古原人時代。男女裸體相見。極盡曲線美之能事。性慾衝動。卽可自由配合。以此言天然樂趣。則今之言解放者。仍未免有意造作矣。是故執禮敎問題。而謂吾國民族爲腐朽之民族。然則男女相互間之關係。盍亦返獉獉狉狉之舊乎。

吾國民族每從退一步着想。此種特性。實不宜於權利之競爭。歐西民族。事事必求進一步。故物質文明。日益發達。然人人必求進一步。試問進至何時何地爲止。況人人求進一步。競爭之結果。少數人成功。而多數人爲犧牲。此大亂之原也。是故人人從進一步着想。則宇宙雖寬。仍覺甚狹。人人從退一步着想。則境地雖狹。常覺其寬。人人進一步則爭。爭則互殺。人人退一步則讓。讓則互存。此中至理。歐西人懵然未之知。故既求進一步之權利。而又日謀消弭戰爭之方法。語曰「天下本無事庸人自擾之」其歐人之謂乎。朱熹詩曰「葱湯麥飯兩相宜葱養丹田麥療饑莫謂此中滋味淡前村還有未炊時」然此猶曰賢者見道之言。試讀世俗相傳之詩曰。「前人騎馬我騎驢仔細思量我不如回頭又見推車漢比前不足後有餘」此種退一步之思想。幾普徧於全國民族。故謂吾國民族爲不徹底之民族。誠哉其不徹底也。抑非特持躬如此。卽接物亦然。孔子曰「躬自厚而薄責於人」諺曰「得饒人處且饒人」此皆爲吾國民族之特性。古稱之曰仁厚。俗謂之爲情面。今人斥爲腐化。時代不同。批評遂異。若因其不適應於現代之競爭。卽指爲吾國民族之弱點。此則吾所不敢贊同者也。

運命之說。過於玄妙。然試以科學上解釋之。亦未嘗無線索之可尋。夫星球運行。猶有一定之軌道。運命者人類之軌道。徒以吾人研究所不及。遂置之於玄妙之列耳。然姑舍科學勿論。則運命之說。亦有至理存焉。吾人生於現代社會中。受種種境況之壓迫。小之衣食男女。大之國家社會等等問題。皆甚複雜困難。使精神上感無限之痛苦。意志堅固者。尙能爲走險之奮鬥。若心理薄弱之人。大率趨向於悲觀之一途。此自殺案之所以日多也。況法律既失其効力。社會又獎勵惡人。作奸者固肆無忌憚。向善者亦相率灰心。使無運命之說。以濟時代之窮。則吾國民族中豈復有安分守己之人哉。夫人類以希望而生存者也。現在則希望未來。及至未來則希望如故。運命者無時不與人以一種新希望。唯有新希望。則現在痛苦易於忍受。希望一日未絕。則向前奮鬥之意志。依然不懈。此於人類生存。寧無小補。孔子曰「不知命毋以爲君子也」程灝解釋之曰「知命知有命而信之也。人不知命則見害必避。見利必趨。何以爲君子」由此言之。則孔子亦篤信運命之說矣。然論語所記。有曰「子罕言命」夫孔子既主知命。而又罕言者何故。無他。命不可不知。而又不可常言之也。此不徹底之作用也。江湖術士。挾運命之說。藉以詐欺取財。是吾國民族之汚點耳。烏足以知運命之至理哉。五行推演。科學家所不道。而爲吾國民族所共信。夫生尅相濟。理甚奧妙。今日科學之幼稚。似未足以窮其究竟。卽舍是勿論。而此種不徹底之玄學。實適合於吾民族之心理。故能流傳久遠。深入人心。若但斥爲迷信之作用。是未知吾民族之特性者也。

道德云者。世界上果有是物乎。此疑問也。人類奸僞詐欺殘殺爭奪之行爲。至今已極。由此言之。則道德二字已無存在之餘地。然以奸僞詐欺之人類。當奸僞詐欺之時代。而仍高談道德者何也。謂之爲眞。則道德不應作如此解釋。謂之爲僞。則道德之眞者何在。眞耶僞耶。

要皆自欺欺人之具耳。歐西學說主張徹底解決。所謂道德。全以所表現者爲準。無論眞僞易於混淆。卽範圍亦嫌狹隘。我國民族之道德觀念。注重於陰德陰隲。故持躬處事。務求心之所安。語有之「善欲人知不是眞善」 夫旣不欲人知。則有眞而無僞。擴而充之。達於無極。古人釋行道而有得於心之謂德。易曰「君子進德修業」 此吾國之所謂道德。亦卽吾國民族之特性也。

不徹底之主張。於人類爲害爲利。此種複雜問題。未易得世人之了解。故執權利之說。則不徹底者常有失敗之感。而矯枉每每過於正。求徹底者亦必有挫折之日。吾國學說。以吃虧退讓爲主。夫處生存競爭之時代。吃虧退讓皆不祥之名詞也。然吃虧之反面曰便宜。退讓之反面曰反抗。人人不肯吃虧則必爭佔便宜。人人不肯退讓。則必爭謀反抗。是皆殺機也。例如吾國備受外人淩虐者已數十年於茲。今方努力反抗。以求一逞。假令反抗成功。則循徹底之說。必以吾國所抱持之政策。藉武力以推行於他國。觀近人高唱世界改革問題。吾國一部分人。竟隨聲附和之。可知威廉第二已去。而新式之威廉第二。仍將乘機而來也。吾國人有格言曰。「凡事須留餘地得意不宜再往」 此種不徹底之思想實爲人類生存之要素。歐人鑒於戰禍之慘酷。日倡世界和平之論調。然而爭端日起。戰禍有隨時發生之虞。夫豈世界和平果無實現之日乎。不然也。使世界人類。皆以吾民族之思想爲思想。於此而世界不和平者。未之有也。

第十七章　孔孟老莊之學說

論吾國文明者。必舉學術思想以對。孔孟老莊。夙爲吾國人所景仰。其言論著作。尤足以代表吾國之學術思想。然數千年來。學者服膺古訓。闡明精義。分門別戶。論議甚多。而於孔孟老莊之學說。其要點爲何。則古人固未嘗言之也。吾研究所得。覺其要點所在。則不徹底是已。今分別論列之於下。

孔子學說　孔子言論。散見於各書者甚多。今就其門弟子所載者。略舉而伸論之。

君子食無求飽居無求安又曰飯蔬食飲水曲肱而枕之樂亦在其中矣不義而富且貴於我如浮雲

飽與安二字。不能以字面解釋。如其不然。則注重衛生之富人。食不求飽而次數增多。豈亦廁於君子之林乎。宋儒注釋曰「不求安飽者志有在而不暇及」此於飽安二字。仍未得其確解。實則不飽不求安者。不求滿意之謂。此與飯蔬食飲水。亦在其中同一意義。若必解作志有在而不暇及。則是發憤忘食之意義。而非食無求飽居無求安之意義。夫曰食曰居曰富貴。是不忘食居富貴之證。所謂無求飽無求安。不義而富且貴者。卽不求徹底之意耳。夫居食爲人類生存所必需。而求飽求安求富貴。又爲人類心理所共同。世事紛擾。殺機日啓。皆此求飽求安求富貴之一念有以致之。吾國貧民衆多。自昔已然。居則穢陋。食則粗惡。此中境地。誠非人類所能堪。然古來聖賢豪傑。公卿將相。多來自其中。故安貧樂道成爲風氣。而奸僞詐欺之事。亦不禁而幾絕。如執主張權利之說。則吾國民族皆放棄應有之權利。而甘爲天演所陶汰者也。然而放棄權利之結果。雖曰偏於消極。而猶有生存之希望。使人人主張權利。則殘殺爭奪之結果。必有同歸於盡之日。近人憤國勢之不振。乃以歐西權利之說。宣傳勸誘不遺餘力。而變動之結果。兵匪增加。貧民益多。有力者於居食富貴。務求快一己之意。貧者既不安貧。又不力作以求富。惟日謀奪富者所有而享用之。此階級鬥爭之說。所以乘虛而入也。

關睢樂而不淫哀而不傷

舊註「淫者樂之過而失其正者也傷者哀之過而害於和者也」又曰「其憂雖深而不害於和其樂雖盛而不失其正故夫子稱之如此」要之和也正也。皆不求徹底之意義。

成事不說遂事不諫既往不咎

吾國人於自己或他人之過失。每執此語作恕詞。就其害處言之。或則怙惡不悛。或則姑息養奸。皆不可爲訓者也。然就其寬大之意義言則持躬接物。悉能本乎恕道。人人如此。則社會寗矣。此不徹底之作用也

君子之於天下也無適也無莫也義之與比

舊註『適可也莫不可也』所謂無適無莫者。無可無不可之謂。舊註解釋義之與比。過於拘泥。與上文無適無莫意義不相銜接。夫義者事之宜也。質言之凡事無可無不可。惟事之宜而已。淺釋之喻如飲食。無可飲食之理由。亦無不可飲食之理由。惟饑渴之時。則以飲食爲宜耳。此不徹底之說也。

能以禮讓爲國乎何有不能以禮讓爲國如禮何

吾國立國之要素。即在此禮讓二字。而與歐西文化相殊異。亦在此一點。自海通以來。歐西權利主義日益輸入。而吾國種種權利上之損失。亦隨此禮讓二字而增加。近人感於外力之壓迫。倡爲種種之新主義。要皆爲權利上之主張。而此禮讓二字。遂爲國人攻擊之目標。抑知孔子所謂禮讓爲國。非一切皆可屈伏也。如曰一切皆可屈伏於强力壓迫之下。是則徹底屈伏矣。孔子所謂禮讓。決不如此。而不徹底之意義。亦決不如此。況「善人教民七年亦可即戎」。可知教民而戰。實爲孔子所注重。而足食足兵。正所以爲禮讓之後盾。試思管仲器小。本爲孔門所不滿。而「微管仲吾其被髮左衽」。孔子爲之感歎不置。由此觀之。我以禮讓爲國。而他人苟以非禮凌迫。則我亦不能不竭力反抗。故孔子有言曰「志士仁人有殺身以成仁。無求生以害仁」。夫至於殺身成仁。可證禮讓之中。固自有不屈不撓者在矣。今人認禮讓爲放棄權利。其說與孔子原意不符。禮讓之解釋。爲不主張權利。而非放棄權利。夫當權利思想極端發達之時。而必高談禮讓。則物質上之享用。自與主張權利者。相形見絀。此權利競爭之說。所以風靡一時也。顧權利競爭。不過取快一時。而實貽無窮之禍害。試觀近世之和平會議。縮軍會議。弭兵會議。非戰公約。各國汲汲不皇。唯戰是懼。此非權利競爭之流毒。而歐美人至死未悟者歟。孔子謂不能以禮讓爲國如禮何。人人主張權利。則雖日日研究新主義新法制。而終不免於爭。國國主張權利。則雖日日倡言世界和平。簽訂非戰公約。而國際危機仍自若也。夫禮讓云者。卽不求徹底之謂。亦非偏於一方面之謂。人與人不求徹底。國與國不求徹底。則爭端無自而起。而社會安寧。世界和平之道。胥在於此矣。

子曰參乎吾道一以貫之曾子曰唯子出門人問曰何謂也曾子曰夫子之道忠恕而已

孔氏之道。雖千言萬語。猶有所不能盡。而曾參以一言蔽之曰「夫子之道忠恕而已」旨哉斯言。道在是矣。夫不徹底之說。每易爲人所誤解。流弊所至。其一則凡事不求眞實。但以敷衍擋塞爲能。其二則作輟無恆。不求成就。其三安於小就。不爲遠大之謀。此三者皆人類之怠性。有觸卽發。更濟以不徹底之說。則假借利用。益將無所忌憚。然此豈不徹底之眞意義哉。不徹底之意義。卽孔子所謂忠恕也。忠恕二字照舊註解釋。忠者盡己之心。恕者推己及人。夫但求盡己之心。而不問結果之何若。但求推己及人而亦不問結果之何若此。非不徹底而何。若夫不盡己之心。又不推己及人而唯以不徹底之說自文。是所謂不爲也。非不能也。不徹底之意義豈如此乎。

以約失之者鮮矣

謝註「不侈然以自放之謂約」此卽不徹底之說也。

質勝文則野文勝質則史文質彬彬然後君子

文質二字。舊註解釋不甚明瞭。要之孔子眞意在不欲偏勝耳。譬如徹底之唯物主義。則失之太實。徹底之唯心主義。又失之太虛。虛實有所偏廢。卽非人類之宜。故曰文質彬彬然後君子也。

子釣而不綱射不弋宿

動物進化。由獸而人。人之初生卽具有爭奪殘殺之性。故人與物之間。不能無殘殺爭奪。卽人與人之間。亦不能無殘殺爭奪。夫旣知其不能避免則唯有趨向於不徹底之一途。釣與綱皆殘殺爭奪之事也。不綱不弋宿者。蓋不欲徹底以取魚鳥耳。近世戰爭利器。精益求精。更有發明死光之說。直欲聚敵人而殲之。夫爭奪殘殺已屬人類之大不幸。乃必欲爭奪殘殺。至徹底而後已。此豈人類之利歟。孔子於物我之間。其態度如此。然則人與人之間。又焉可以徹底乎哉。

子曰志於道據於德依於仁游於藝

物質發達誠非人類之福。然科學進步。既日異而月新。必欲驅世界人類。悉趨向於唯心之一途。匪特勢有所不能。抑亦喪失人生之興趣。孔子雖講道德說仁義。而固非徹底之唯心論者也。故於志道據德依仁之外。而曰游於藝。舊註「游者玩物適情之謂」又曰「朝夕游焉以博其義理之趣」今人於精神物質之間。苦不得一兩全之方法。此皆未讀孔子遺言之過耳。夫游於藝者。卽以心役物之謂。非以精神殉物質之謂。故道而曰志。德而曰據。仁而曰依。獨於藝則曰游。蓋權衡於輕重之間。唯心唯物。兩不偏廢。是故百工居肆以成其事。君子學以至道。物質發達。固不爲人類之害。而人生興趣。亦將因物質而增加不少矣。

子曰不降其志不辱其身伯夷叔齊與柳下惠少連降志辱身矣言中倫行中慮其斯而已矣謂虞仲夷逸隱居放言身中清廢中權我則異於是無可無不可

夫曰無可無不可。其不徹底之意義甚明。

子絕四毋意毋必毋固毋我

舊註「意私意也必期必也固執滯也我私已也四者相爲終始起於意遂於必留於固而成於我也蓋意必常在事前固我常在事後至於我又生意則物欲牽引循環不窮矣」要

之曰意曰必曰固曰我。之四者皆求徹底者也。毋意毋必毋固。乃至於毋我。此不徹底之意義也。

子在川上曰逝者如斯夫不舍晝夜

程註「此道體也天運而不已日往則月來寒往則暑來水流而不息物生而不窮皆與道爲體運乎晝夜未嘗已也」夫所謂天運而不已者。不徹底之謂也。

克己復禮爲仁一日克己復禮天下歸仁焉爲仁由己而由仁乎哉

東西文化。其不同之點甚多。而要以對己之問題爲最。歐西學說。率爲競爭權利之主張。各發揮一己之能力。以求滿足其一己之慾望。吾國則以克己爲主張。竭力以節制個人私欲。故由利害一方面言。則主競爭權利者。可獲得物質上之利益。而禍害之來不至率獸食人不止。主克己者。雖失去物質上之享用。而社會安寧。得以維持於永久。其得失之間。不辨自明矣。吾國市肆之廣告。每以克己二字爲號召。吾甚怪之。夫市肆營業。以牟利爲目的。其取之於人也。唯恐不多。乃必以克己自詡。顯與牟利之目的不符。此種不徹底之主張。是亦可以代表吾國之國民性矣。近人所製造之器物。工質粗劣。稍用卽壞。大有一年不如一年之趨勢。而商人心理。更利用其粗劣以求易售。愈不能久用則貿易愈多。此人心之所以日險也。大抵古人慾望不奢。故物質上之需求較少。而時間與心理。又不如今人之日異而月變。

人能克己則他必受其利。試思今之製造者販賣者。但求一己之利益。而不復爲他人設想。卽以衣服論製造者旣欲多所製造。販賣者旣欲多所販賣。則衣服之質料。非粗劣卽易壞。而他人之利益如何。不暇計及。況他人之需求。又以時間與心理爲轉移乎。故非工質之精良。今不逮古。而實慾望之淡泊。今人遠遜於古人也。吾人觀於此可以知世變矣。然告朔餼羊。典型具在。吾人目覩市肆之廣告。不禁感於孔子學說之入人深也。曰克己復禮天下歸仁。使人人皆能克己復禮。天下有不歸仁者乎。

善人爲邦百年亦可以勝殘去殺矣

今人好爲高論。期博取人民之附和。故標榜之目的。率以種族徹底平等。人民徹底自由。社會徹底均富爲歸。然而議論雖多。而事實絕少。甚者假借名目。巧趨時尙。人民所感受之痛苦。適與其所標榜者相反。此無他。世上固無徹底之事實。而侈談徹底者。要不外欺世盜名之伎倆耳。夫善人爲邦。歷時百年。而孔子所希望之效果。僅曰勝殘去殺。使以今人眼光加以評斷。則所謂善人固非能徹底爲邦者也。抑知主張徹底之結果。無非趨向於殘殺之一途。惟善人不欲殘殺。故以勝殘去殺爲主旨。夫孔子此種語氣。固不以勝殘去殺爲已足。然訥於言而敏於行者。孔子也。孔子而爲徹底之言論。非孔子矣。

或曰以德報怨何如子曰何以報怨以直報怨以德報德

自來恩怨之間。每多過情之報復。例如中國受日本之淩辱。人心憤恨已極。假使復仇之機會已至。吾知中國人民必不以收還滿蒙台灣而止。凡人一至志得意滿之時。勢將再進一步。此禍亂之所以循環也。孔子曰以直報怨。夫有怨必報。可知甘心屈伏之非。而以直爲止。絕無徹底解決之思想。故伍子胥之鞭屍。俠士受小恩惠而以身殉友。皆爲儒者之所不取也。

子路問君子。子曰修己以敬。曰如斯而已乎。曰修己以安人。曰如斯而已乎。曰修己以安百姓。修己以安百姓。堯舜其猶病諸

安人安百姓。而悉本之修己。而修己安百姓。聖如堯舜。猶以爲病。此可知政治之無徹底方法也。

子貢問曰。有一言而可以終身行之者乎。子曰其恕乎。己所不欲。勿施於人

凡事能推己及人。自不至有徹底之思想與言行。此與忠恕一節可以參看。

君使臣以禮。臣事君以忠。又曰君君臣臣父父子子

吾國人感於政治之不良。家庭之複雜。乃妄下斷語。謂爲孔子學說之流毒。此皆讀書而不得其解者也。孔子學說向不爲偏於一面之主張。故曰「君君臣臣」「君使臣以禮臣事君以忠」一此可見君臣各有應盡之道。而孔子學說。絕非徹底之君權論。至於家庭之間。所謂

複雜之點。大要有二。一子女婚姻問題。父母往往未得子女同意。而擅行決定。或子女意有所屬。而父母強行干涉。然此種風俗。不特盛行於吾國。卽歐西家庭。亦常發生此不幸之狀況。故執是爲孔子罪。孔子不能任咎也。一大家庭問題。父母愛子無所不至。似無問題之可言。而所以發生問題者。大抵出於姑媳之間。故大家庭之中。子媳而賢孝也。自能茹苦忍痛。以博堂上之歡心。如其不然。則父子姑媳之間。必有不堪言者矣。是二者皆所謂不良之制度。而爲今人所反對者也。然此豈孔子之過乎。孔子曰「父父子子」曾子引伸其意曰「爲人父止於慈爲人子止於孝」此可見父子之間。不特子宜孝而已也。爲人父亦自有爲父之道。故子不子則爲父者固難。卽父不父爲子者不亦難乎。吾國高談倫理之說。而父子姑媳之間。每不如歐西人之和睦。歐西人未嘗言孝也。然父子姑媳亦有同居一大家庭之內。而彼此相安爭攘較鮮。其所以得此結果者無他焉。父知父道子知子道而已。此固孔子所主張也。今人誤以孔子學說爲偏於君父之見。是信口雌黃耳。豈知孔子者哉。

　丘也聞有國有家者不患寡而患不均不患貧而患不安蓋均無貧和無寡安無傾

論均富之主旨。則孔子學說與今之社會主義。其目的同也。然社會主義流弊太多。且無徹底實現之可能。孔子之均富說。不特易於實行。而人類安寧亦可以維持於永久。蓋均富之外。而濟之以和。和則無競爭之禍。又必使人各安其分。而傾覆之患免矣。

子曰君子惠而不費勞而不怨欲而不貪泰而不驕威而不猛

此孔子所謂五美。實卽不徹底之意義耳。

要之孔子之言論。固無在而非表示其不徹底之主張也。孔子之於仁也。造次必於是。顚沛必於是。無終食之間違仁。然觀其答覆羣弟子之問。如樊遲問仁曰「仁者先難而後獲」程註曰「先難克己也以所難爲先而不計所獲仁也」如語子貢曰。「夫仁者己欲立而立人己欲達而達人能近取譬可謂仁之方也已」「仲弓問仁子曰出門如見大賓使民如承大祭己所不欲勿施於人在邦無怨在家無怨」司馬牛問仁子曰「仁者其言也訒」「樊遲問仁子曰愛人」又曰「居處恭執事敬與人忠」而孔子自言曰。「剛毅木訥近仁」程註「木者質樸訥者遲鈍」楊註「剛毅則不屈於物欲木訥則不至於外馳」。子張問仁曰。「能行五者於天下爲仁矣請問之曰恭寬信敏惠」由此種解釋以言之。則所謂仁者。卽於己不欲徹底。於人不求徹底之意耳。尤有一點。足以證明孔子之反對徹底者。則主張中庸是也。故曰「中庸之爲德其至矣乎民鮮久矣」中庸二字程註曰「不偏之謂中不易之謂庸中者天下之正道庸者天下之定理」以此解釋中庸。固稱恰當。而不徹底三字。尤足爲中庸之確註。子思作中庸以授孟子。程明道謂爲孔門傳授心法。由此觀之。則孔門心法。在昔言之則爲中庸。在今言之。卽吾所謂不徹底耳。

周易一書。窺天地之變。通萬物之情。於不徹底之數與理。尤能闡明其精義。據班固所言。孔子晚而好易。讀之韋編三絕。而爲之傳。今錄其序卦一段於後。

有天地然後萬物生焉盈天地之間者唯萬物故受之以屯屯者盈也屯者物之始生也物生必蒙故受之以蒙蒙者蒙也物之穉也物穉不可不養也故受之以需需者飲食之道也飲食必有訟故受之以訟訟必有衆起故受之以師師者衆也衆必有所比故受之以比比者比也比必有所畜故受之以小畜物畜然後有禮故受之以履履而泰然後安故受之以泰泰者通也物不可以終通故受之以否物不可終否故受之以同人與人同者物必歸焉故受之以大有有大者不可以盈故受之以謙有大而能謙必預故受之以預預必有隨故受之以隨以喜隨人者必有事故受之以蠱蠱者事也有事而後可大故受之以臨臨者大也物大然後可觀故受之以觀可觀而後有所合故受之以噬嗑嗑者合也物不可以苟合而已故受之以賁賁者飾也致飾然後亨則盡矣故受之以剝剝者剝也物不可以終盡剝窮上反下故受之以復復則妄矣故受之以旡妄有旡妄然後可畜故受之以大畜物畜然後可養故受之以頤頤者養也不養則不可動故受之以大過物不可以終過故受之以坎坎者陷也陷必有所麗故受之以離離者麗也

有天地然後有萬物有萬物然後有男女有男女然後有夫婦有夫婦然後有父子有父子然後有君臣有君臣然後有上下有上下然後禮義有所錯夫婦之道不可以不久也故受之以恆恆者久也物不可以久居其所故受之以遯遯者退也物不可以終遯故受之以大壯物不可以終壯故受之以晉晉者進也進必有所傷故受之以明夷夷者傷也傷於外者必返其家故受之以家人家道窮必乖故受之以睽睽者乖也乖必有難故受之以蹇蹇者難也物不可以終難故受之以解解者緩也緩必有所失故受之以損損而不已必益故受之以益益而不已必決故受之以夬夬者決也決必有所遇故受之以姤姤者遇也物相遇而後聚故受之以萃萃者聚也聚而上者謂之升故受之以升升而不已必困故受之以困困乎上者必反下故受之以井井道不可革故受之以革革物者莫若鼎故受之以鼎主器者莫若長子故受之以震震者動也物不可以終動止之故受之以艮艮者止也物不可以終止故受之以漸漸者進也進必有所歸故受之以歸妹得其所歸者必大故受之以豐豐者大也窮大者必失其居故受之以旅旅而无以容故受之以巽巽者入也入而後說之故受之以兌兌者說也說而後散之故受之以渙渙者離也物不可以終離故受之以節節而信之故受之以中孚有其信者必行之故受之以小過有過物者必濟故受之以既濟物不可窮也故受

之以未濟終焉

吾嘗讀易於三十年以前。初固不知其意義也。繼稍明其大體。亦不過視爲術數之書耳。而三十年來經歷古來未有之變亂。覺前途茫茫。正未知歸宿何所。及讀易而後。乃知宇宙萬有。無論離奇變幻。至如何程度。而易已均能盡舉其義。觀右之序卦。則今日世界各國之紛擾。政治社會之演進。悉在易義包羅之中。人類因生存而競爭。因競爭而殘殺。故易卦於需之後有訟。訟之後有師也。今日之帝國主義社會主義共產主義。皆因需而訟之結果也。又如「困乎上者必反下故受之以井井道不可革故受之以革革物者莫若鼎故受之以鼎」今日政治革命社會革命之潮流。皆此革故鼎新之道也。若夫大有之後受之以謙。物不可以終盡。故剝極必復。物不可以久居。恆之後必受以遯。傷於外者必返其家。故受之以家人。損而不已必益。故受之以益。益而不已必決。故受之以夬。物不可以終止故受之以漸。物不可以終離。故受之以節。此寥寥數語。直可以概括今日人類之狀況矣。其他各卦。一卦有一卦之意義。一卦有一卦之變化。所謂以通神明之德。以類萬物之情。信不誣也。大哉易乎。無能名矣。

易卦爲數六十四。而終於未濟。孔子曰「物不可窮也故受之以未濟終焉」此天道也。人道也。易猶如此。則吾之不徹底說。不更信而有徵乎。

吾此論非徒贊美易卦而已也。易不徹底之書也。而孔子愛佩之。又復揭出其不徹底之精義。吾人一讀序卦則孔子學說其要點所在非甚明顯歟。

孟子學說　吾國先哲。孔孟並稱。孟子進取似較孔子爲積極。而「民爲貴社稷次之君爲輕」之言。尤爲現代民權論之先導。故今日人類之思潮。於孔孟之間。有軒輊焉。雖然此人類之心境變遷耳。孔孟言論固無不同也。孟子一生學問。皆以私淑孔子爲主。故其言曰

君子之澤五世而斬小人之澤五世而斬予未得爲孔子之徒也予私淑諸人也

孟子既爲孔子之私淑弟子。而其最信仰孔子之點。卽吾所謂不徹底之點也。其言曰

非其君不事非其民不使治則進亂則退伯夷也何事非君何使非民治亦進亂亦進伊尹也可以仕則仕可以止則止可以久則久可以速則速孔子也皆古聖人也吾未能有行焉乃所願則學孔子也

又曰自生民以來未有孔子也

由此觀之。孔子之仕止久速。皆無徹底之主張。而孟子所願學者。乃在乎此。更觀其論伯夷伊尹柳下惠孔子。其言曰

伯夷聖之淸者也伊尹聖之任者也柳下惠聖之和者也孔子聖之時者也

夫稱孔子之聖。而曰聖之時。時者卽不徹底之意義。又觀其言曰「仲尼不爲已甚者」所

謂不爲已甚者。卽時之謂也。已甚者。且不爲。況於徹底乎。孟子七篇中。皆主張仁義。反對功利。所謂仁義者卽不求徹底不欲徹底之意義。而其根本所在。則孟子以孔子爲師者也。故就此點以推論之。則孟之於孔。直一而二二而一焉耳。

老子學說　道德經一書。其發揮不徹底之精義。透闢而明顯。今略舉數節於下

天下皆知美之爲美斯惡已皆知善之爲善斯不善已故有無相生難易相成長短相形高下相傾音聲相和前後相隨是以聖人處無爲之事行不言之敎萬物作焉而不辭生而不有爲而不恃功成而不居夫唯弗居是以不去

大道廢有仁義慧智出有大僞六親不和有孝慈國家昏亂有忠臣

曲則全枉則直窪則盈敝則新少則得多則惑是以聖人抱一爲天下式不自見故明不自是故新不自伐故有功不自矜故長

善行無轍迹善言無瑕讁善數不用籌策善閉無關鍵而不可開善結無繩約而不可解

兵者不祥之器非君子之器不得已而用之恬淡爲上勝而不美而美之者是樂殺人

天下之至柔馳騁天下之至堅無有入無間吾是以知無爲之有益不言之敎無爲之益天下希及之

甚愛必大費多藏必厚亡知足不辱知止不殆

其政悶悶其民淳淳其政察察其民缺缺禍兮福之所倚福兮禍之所伏孰知其極其無正正復爲奇善復爲妖人之迷其日固久是以聖人方而不割廉而不劌直而不肆光而不耀

爲無爲事無事味無味大小多少報怨以德圖難於其易爲大於其細天下難事必作於易天下大事必作於細是以聖人終不爲大故能成其大

人之生也柔弱故死也堅强萬物草木之生也柔脆其死也枯槁故堅固者死之徒柔弱者生之徒是以兵强則不勝木强則兵强大處下柔弱處上

莊子學說　莊子以齊物立論。其不徹底之思想。尤足令人神往。今節錄如下

吾生也有涯而知也無涯以有涯隨無涯殆矣已而爲知者殆而已矣爲善無近名爲惡無近刑（養生篇）

自三代以下者天下莫不以物易其性矣小人則以身殉利士則以身殉名大夫則以身殉家聖人則以身殉天下故此數子者事業不同名聲異號其於傷性以身爲殉一也臧與穀二人相與牧羊而俱亡其羊問臧奚事則挾筴讀書問穀奚事則博塞以遊二者事業不同其於亡羊均也伯夷死名於首陽之下盜跖死利於東陵之上所死者

不同其於殘生傷性均也奚必伯夷之是而盜跖之非乎天下盡殉也彼其所殉仁義也則俗謂之君子其所殉貨財也則俗謂之小人其殉一也則有君子焉有小人焉若其殘生損性則盜跖亦伯夷已又烏取乎君子小人於其間哉（駢拇篇）

夫至德之世同與禽獸居族與萬物並惡知乎君子小人哉同乎無知其德不離同乎無欲是謂素樸素樸而民性得矣及至聖人蹩躠爲仁踶跂爲義而天下始疑矣澶漫爲樂摘僻爲禮而天下始分矣故純樸不殘孰爲犧樽白玉不毀孰爲珪璋道德不廢安取仁義性情不離安用禮樂五色不亂孰爲文采五聲不亂孰應六律夫殘樸以爲器工匠之罪也毀道德以爲仁義聖人之過也（中略）聖人屈折禮樂以匡天下之形縣跂仁義以慰天下之心而民乃始踶跂好知爭歸於利不可以止也此亦聖人之過也（馬蹄篇）

善人不得聖人之道不立跖不得聖人之道不行天下之善人少而不善人多則聖人之利天下也少而害天下也多（中略）聖人不死大盜不止雖聖人而治天下則是重利盜跖也爲之斗斛以量之則並與斗斛以竊之爲之權衡以稱之則並與權衡而竊之爲之符璽以信之則並符璽而竊之爲之仁義以矯之則並與仁義而竊之何以知其然耶彼竊鉤者誅竊國者爲諸侯諸侯之門仁義存焉則是非竊仁義聖知耶（中

略）故天下每每大亂罪在於好知故天下皆知求其所知而莫之求其所已善是以大亂（胠篋篇）

聞在宥天下不聞治天下也在之也者恐天下之淫其性也宥之也者恐天下之遷其德也（中略）故舉天下以賞其善者不給舉天下以罰其惡者不給故天下之大不足以賞罰（中略）喜怒相疑愚知相欺善否相非誕信相譏而天下衰矣大德不同而性命爛漫矣天下好知而百姓求竭矣（在宥篇）

四時迭起萬物循生一盛一衰文武倫經一清一濁陰陽調和（中略）其卒無尾其始無首一死一生一僨一起所常無窮而一不可待（天運篇）

是故大知觀於遠近故小而不寡大而不多知量無窮證曏今故故遙而不悶掇而不跂知時無止察乎盈虛故得而不喜失而不憂知分之無常也明乎坦塗故生而不說死而不禍知終始之不可故也計人之所知不若其所不知其生之時不若未生之時以其至少求窮其至大之域是故迷亂而不能自得也由此觀之又何以知毫末之足以定至細之倪又何以知天地之足以窮至大之域（中略）因其所大而大之則萬物莫不大因其所小而小之則萬物莫不小（中略）因其所有而有之則萬物莫不有因其所無而無之則萬物莫不無（中略）因其所然而然之則萬物莫不然因其

所非而非之則萬物莫不非（中略）道無終始物有死生不恃其成一虛一滿不位乎其形年不可舉時不可止消息盈虛終則有始（秋水篇）

天下有至樂無有哉可以活身者無有哉今奚爲奚據奚避奚處奚就奚去奚樂奚惡（至樂篇）

弟子問於莊子曰昨日山中之木以不材得終其天年今主人之鴈以不材死先生將何處莊子笑曰周將處乎材與不材之間似之而非也故未免乎累若夫乘道德而浮游則不然無譽無訾一龍一蛇與時俱化而無肯專爲一上一下以爲量浮游乎萬物之祖物物而不物於物則胡得而累乎（山木篇）

生也死之徒死也生之始孰知其紀人之生氣之聚也聚則爲生散則爲死若死生爲徒吾又何患故萬物一也是其所美者爲神奇其所惡者爲臭腐臭腐復化爲神奇神奇復化爲臭腐（知北遊篇）

冉相氏得其環中以隨成與物無終無始無幾無時日與物化者一不化者也（則陽篇）

以上所舉。不過於孔孟老莊之學說。引取簡要。以爲吾說之佐證。吾國學說繁多。除孔孟老莊外。難以悉數枚舉。然人民思想之中心。要皆爲孔孟老莊學說所支配。雖功利之說。盛行於戰國。墨家法家。各能言之成理。而社會因襲。並不受其影響。佛教輸入中國。中人以下。僅知媚佛以求福。與思想上不生大關係。上知者研究佛理。其思想又與老莊爲近。故由漢唐以來。吾國人民之思想。實卽此孔孟老莊之思想也。精粗深淺所見固不能盡同。而人類社會之生存。胥在是矣。

孔孟老莊。持論雖有異同。而不徹底之主旨則一。漢儒尊崇六經。排斥諸子百家。主觀太嚴。反淪於狹隘。其實孔孟老莊。所謂異同之點。不外入世出世之分別耳。人類不能離社會而獨存。有社會斯有國家。有國家斯有政治。政治者卽入世之學也。孔孟喜談政治。故爲歷代君相所尊崇。老莊論哲理。祇爲山林隱逸所稱道。蓋入世出世。各有注重之目的。固不能就形式上之表現。而認爲根本上各有異同。況政治與哲理。相反而實相成。人類生存於國家之下。卽不能脫離政治上之關係。故大多數人民皆以孔孟學說爲依歸者。此無他蓋政治上之關係。有以使之然耳。

少年人多躁妄。老年人多暮氣。老少之間。互相詬詈。殊不知時代變遷。斯心理更易。今日之老者。誰非昔日之少年。今日之少年。亦爲他日之老者。故同是一人而躁妄暮氣。往往前後不同。大抵少年人銳進。視天下皆甚容易。勇敢冒險是其所長。而有時鹵莽滅裂。亦足以僨事。老者經歷既多。深知人情世故。凡事必躊躇審愼。不敢輕於一試。而待人接物。又必處處稍留餘地。質言之。少年人認凡事皆可徹底。故覺其躁妄。老年人知凡事不易徹底。故覺其暮氣耳。夫世上無可以徹底之事物。則不徹底之主張。絕非暮氣。人當少年。大率富於情感。故事事必求徹底。初以爲轉瞬之閒功成名遂。世上正無難事耳。及至韶華已去。兩鬢如霜。回首前塵。依然故我。感慨之餘。漸生悔悟。物理學上謂凡物極熱之後。每轉爲極冷。惟人亦然。有少年時代之躁妄。故有老年時代之暮氣。是所謂暮氣者。躁妄之對待名詞耳。於不徹底何與哉。我本醉心歐化之一人。於孔孟老莊之學說。不特視爲糞土。且曾疑爲弱國弱種之媒介。然年來環顧全球。則權利競爭。殺機甚熾。歐西學說之成績。已足示吾人以教訓。撫今思昔。然後知治世安民之道。固在此而不在彼也。吾思想非腐朽。吾年力正健旺。如以吾之尊崇孔孟老莊。認爲吾之暮氣。吾絕對不能承認。顧今昔之觀感不同何也。則昔日認凡事非徹底不可。今乃知事事必求徹底。是大亂之道也。孔孟主張中庸。老莊超然物外。謂爲弱種弱國。欲加之罪。何患無詞。然歐西學說。主張權利。試問人與人爭權利。國與國爭權利。權利有限。而爭無限。世人目覩此紛亂之局。正苦無救濟之方法。洪水猛獸之禍。已迫於眉睫。雖欲弱種弱國而不可得矣。孽海茫茫。回頭是岸。人心如未厭亂。則孔孟老莊之書。束之高閣可也。如其不然。則世界人類。必有乞靈於孔孟老莊之一日。

第十八章　今後人類之趨勢

過去人類之狀況。一殘酷淒慘苦悶之狀況也。今後人類之趨勢。果何如乎。吾敢下一斷語曰。依然一殘酷淒慘苦悶之狀況也。佛氏之說曰。「欲知前世因今生受者是。欲知來世因今生作者是」人類感覺現在之不安。各挾有一種之新希望。故今後人類之趨勢。實爲人類所欲知而不能確知者。然執佛氏之說。則今後人類趨勢之如何。實以現在人類之狀況爲準。如曰佛氏之說。過於虛空。試就科學以證明之。地球繞日周而復始。故據現在地球之狀況。可以知前此之經過。亦可以測未來之趨勢。人類生息於地球之內。即不能脫離地球之範圍。地球既周而必復。人類亦何獨不然。故周固進步。復亦無非進步。人類附麗於地球。猶地球附麗於宇宙也。地球日日運行。地球之進步也。然不能出於宇宙之外。人類日日動作。人類之進步也。然不能出於星球之外。一周一復之間。天道存焉。人道亦存焉。太古時代。由個人而部落。由部落而國家。及國家主義極端發達之時。而世界主義。無政府主義。極端個人自由主義。乃爲人類所倡道。此政治上之周復也。太古時代。人類各盡所能。各取所需。固無所謂私有財產也。今則社會主義共產主義。乃出現於資本主義極盛之時。此社會之周復也。太古時代男女自由配合。無所謂婚姻也。自夫婦制度日漸嚴密。而有自由戀愛公妻解放等說。此男女之周復也。太古時代。人類赤身裸體習焉不怪。久之而以樹葉蔽其陰私。繼而有下衣。再進而有上下衣。如今日西婦之長半臂。愈演愈進而高冠禮服出。及至無可更進之時：乃以廢除高冠禮服爲進步。吾恐愈演愈進。必有相率裸體之一日。夫世上事物。均無徹底之理由。赤身裸體高冠禮服。其無是非善惡一也。而人類以不安於現在之故。時代狀況。乃隨人類心理爲轉移。此無他周復之作用而已。吾人處生存競爭之世。各欲發揮其腦力。以求創造一革新之局。而演進之結果。終未能出此周而復始之範圍外也。人類趨勢不特周而復始已也。試以佛說考察之。則人類歷史直一部因果報應記耳。世上可驚可嘆可歌可泣可憤可憐之事甚多。潛心以求其故。則皆有循環報應之痕迹。大而國家種族之興亡盛衰。小而個人之禍福榮辱。報應雖有遲速。循環概歸一致。吾人姑懸此公例。以討論近年事實。卽如廣東共產黨之亂。凡穿長衣者多被慘殺。國中穿長衣之人。固同深憤慨。吾亦穿長衣之人也。平心思之。此亦循環報應之結果耳。自來穿長衣之人。往往恃其腦力之强健。役使勞力者如機械如犬馬。而勞力者以生命血汗博得之代價。悉爲穿長衣者所佔有。勞力者爲天賦所限。祗有任其豪奪巧取。而莫敢與爭。然鬱抑不平之氣。久而必伸。故歷數十年而一小亂。歷百年而一大亂。亂之結果。凡穿長衣之社會受禍最烈。徵之歷史。無論中外。其例一也。近人以明末張獻忠李自成。與今之共產黨並論。在表面上似屬擬不於倫。自報復之理言之。則作用等耳。夫勞心者治人。勞力者治於人。此本社會相安之方法。然勞心者苟恣睢暴戾。加勞力者以徹底之壓迫。則勞力者忍無可忍。必有羣起反抗之日。故所謂替天行道也。所謂共產主義也。皆不過一種標幟。藉爲因時號召之具耳。共產黨口號。有打倒知識階級之一種。夫曰知識階級。其別於權勢金錢可知。乃必與權勢金錢。同在打倒之列者何也。蓋古代工業未發達。人類社會。祇分勞心勞力兩階級。而權勢金錢。純爲知識階級所掌理。自工業革命以後。有權勢金錢者不盡屬知識階級中人。而知識階級。遂離權勢金錢而獨立。然此知識階級具有優勝之聰明才智。其日用生活之所需。必不肯安於恬淡。於是依附他人之權勢金錢。甘爲虎倀以求沾潤其賸餘。有時假借名目。又利用勞動者爲犧牲品。以滿足其個人之慾望。卽如倡共產主義。高呼打倒知識階級之人。亦莫非自知識階級中來也。故此種知識階級實社會之亂原。而人類之蟊賊。遠者不必論。就吾人所親歷者言之。民國十六年中。變亂相尋。生民塗炭。誰生厲階。無一非知識階級挑撥煽誘操縱離間之結果。是故共產黨之殘暴。吾人痛恨之。然吾人試反躬自問。亦應及早懺悔。如其不然。勞心者徹底縱恣。勞力者徹底殘暴。此恃腦力。彼輕生命。互相搏噬。循環不已。此人類自殺之道也。孟子曰「君之視臣如草芥則臣視君如寇仇」臣之視君猶如此。況階級鬥爭乎。孟子又曰「殺人之父者人亦殺其父殺人之兄者人亦殺其兄」勞心者挾其權勢金錢。殺人亦多矣。論循環報應之理。則今日共產黨之殘暴。豈無故歟。

人類趨勢。其途徑不外二種。則唯物與唯心是已。唯物唯心二說。本爲哲學上之爭點。然物何所自。必有造之者。宗教家認創造世界。悉出上帝之力。其說虛誕。吾人所不道。顧就科學上研究之。人類固由動物演進。而宇宙從何演進乎。如曰自然。何所自而然。儒者舍神而論理。稱曰造物。而造之者誰。儒者不談。抑亦非現代科學家所能知也。要之物有所自。卽自於心。曰上帝曰造物。均可勿論。而物由心造。理實不磨。然人類本物之一。生活所需。惟物是賴。故非具有大智慧之人。必不能以心役物。況物爲人所易見。而心爲人所不知。故飢而食渴而飲。人之情也。放棄其所易見而探索其所不知。豈人之情也哉。唯心唯物不過哲學上之見解。而自生物演進。爲唯物論之成功。及人類誕生以後。卽唯物論完全勝利。今世物質文明。日益發達。其進步之神速。固可驚駭。實則人類應有之結果。固勢所必至者也。是故就人類之需要。以測其趨勢之所在。則未來之人類。其沈湎於物質之中。必更甚於今日。而物質進步之結果。人類所感受之痛苦。果可以脫離乎。此殘酷悽慘煩悶之狀況。果從茲消滅乎。必不然也。何以確定其不然。則人生有慾望。卽不能免於痛苦。物質愈進步。則痛苦亦隨而增加。今人孜孜矻矻。以求饜足其物質上之慾望。是直大開痛苦之門。率人類爭先恐後而入耳。儒者知其然。故主節慾。佛家知其然。故說無相。然儒佛學說。流傳已久。而人類仍不覺悟者何也。大抵注重現在而輕忽將來。此爲人類之通病。例如衞生之道。首在節飲食。卽如村嫗鄉農。亦有病從口入之俚語。顧盛筵一設。佳饌當前。能停箸減膳者究有幾人甚者明知多食傷胃而每有先食再說之觀念。此可知人生目的。祇求現在之快樂。而未來之痛苦不暇計也。人類智識。往往爲物欲所蔽。既因現在之快樂。致召未來之痛苦固無論矣。乃晚近一部分人士更復倡縱慾之說。竟謂人生慾望。未能暢肆。故痛苦生焉。避免痛苦之方法。唯求有以饜足各個之慾望。於是男女則主徹底解放。極性交之自由。衣食住則務求精美。各享人生應有之權利。夫使此種主張。確能舉人生痛苦而盡去之。吾知無論何人。絕無有表示反對之意見者。然按之事實。物質有限。固不能饜足各個之慾望。卽男女之間。如但以自由縱慾爲快樂。而不知自由縱慾之結果。正所以造成雙互間之痛苦耳。夫人生不能快樂。斯生痛苦。此理爲人所知。而快樂之結果卽爲痛苦。況求快樂不可必得。而痛苦已先至。此苦樂循環之理。乃爲人所不知。由是觀之。於痛苦之中而求快樂。人情所同。於快樂之中而知痛苦。則非儒佛之徒。未足以語此矣。人類趨勢。往往發生一矛盾現象。夫人類以求快樂爲目的固也。然唯物主義。祇有增加人類之痛苦。而無盡滿人意之方法。乃人類既竭力以求快樂。顧又趨向於唯物主義。是所謂求快樂者卽求痛苦之謂耳。人類如欲減少痛苦。惟有舍物以求心。然而唯心主義。竟不得世人之信仰者何也。蓋人類不能離物境而存在也。故今後人類之趨勢。必偏向於唯物主義之一途。而不能徹底也。物質愈發達。人類之痛苦愈深。久而久之。人類知物質之足以增加痛苦。於是儒者之論節慾。佛家之說無相。漸爲暮鼓晨鐘。足以發人類之深省。大抵唯心主義。專爲濟唯物之窮。而捨棄物質。畢竟强人類以所難。故雖盛倡一時。而不及百年。已無範圍人類能力及時機。一至唯物主義又復深入人類之心理矣。要之唯物唯心。循環代謝。過去如此。現在如此。今後如此。乃至於世界末日。亦豈能逃出此公例之外乎。

社會不平。人所同慨。今之社會主義。固將以平其不平者也。然社會能否平等姑勿論。人類動而不能靜者也。故欲使社會平等。必胥人類而爲機械。動則俱動。靜則俱靜。然後可。夫人類至於動則俱動是動亦靜也。人類萬無動則俱動之理。而必强之使平。試思此喜動之人類。能屈伏於此種狀態之下乎。固盡人類而知其不能也。惟不能靜斯動。惟動斯有競爭。惟競爭斯有攘奪殘殺。故動之於人類。爲禍爲福。實互相倚伏。更深言之。則禍多而福少。語曰吉凶悔吝生乎動。此之謂也。然宇宙萬物。動而不靜。況人類爲最高等之動物。尤不能安於靜止之中。故人類之趨勢。一以動爲進程者也。動之結果如何。自屬另一問題。而既爲人類。卽不能不動。語曰「毋動爲大」又曰「一動不如一靜」此皆儒家之言也。人類當動極思靜之時。則儒家之言。自足博一時之信仰。然人類不能離動而生存。故求靜之時亦在動中。是故動靜相因。動亦靜也。靜亦動也。動固人類之趨勢。動極而求靜。亦何莫非人類趨勢之所必至乎。人類常爲感情所操縱。而不易得理性上之了解。今日世界各國。咸注重於普及敎育。而高深學理。亦多能窮其究竟。由是言之。則大多數之人類。必能本其理性上之知識。以解決一切事物。顧就實際上言之。則人類之缺乏理解性。固依然未改也。夫宇宙內事事物物。本無徹底之理解。如以玄妙之學。責人類以領悟。此於理論事實。固所不許。然事物之至淺至近者。人類亦多不能以理性解釋之。故政治之改革。社會之進化。經濟之變遷。卽至日用飮食之微。皆爲時代與狀況所囿。不能得一正當之途徑。而當羣情洶湧之日。卽有富於理解性之人。思欲起而改正之。及言論一出。而不遭世人之白眼者。未之有也。歐洲文化。全在物質。人生大原。則尙未認識。吾國崇拜歐化。無所不用其極。然於其整齊之政敎。取法甚少。而淫靡之風俗。乃效尤恐後。吾觀上海天津之舞場。男女放誕。較之歐西。益復變本加厲。然則所謂步武歐西者。固如是而已足乎。豈人類必如是放誕。而後可享受文明之稱號乎。歐人自稱爲開化之民族。姑勿論政敎原理。吾國於二千年前。已洞明其梗概。而歐人捫索迷途。至今未悟。卽就風俗言。男女互相擁抱跳舞以爲樂。此爲古代風俗。吾國自制禮作樂以後。歌舞小技。亦與時俱變。而苗猺人種男女跳舞於月下。此風至今未改。歐西民族。其注重肉慾一成不變。正與苗猺同。而所謂改良進步者。祗在此華美新奇之物質耳。又試以飮食論。凡下等動物。飲食皆以口。如牛羊鷄犬之屬是。高等動物如猿猴之屬。飲食則以手。人類演進。第一時期。其飲食亦必以手。故今日太平洋羣島之土人。迄今猶有以手飲食者。第二時期。人類已進於鐵器時代。顧文化未啓。烹飪之刀叉。卽用爲取物而食之具。觀之滿洲舊俗可爲證明。第三時期則禮制日備。以烹飪之刀叉。不宜兼爲取食之用。故代之以箸。故就人類進化之公例言。則歐人取食之方法。固仍在第二時期也。然則所謂開化者。亦不過驕太平洋羣島之土人而已。人之言曰。歐西物質文明爲吾國所不及。推原其故。皆因政府提倡不力。故匪特不進。且處處表現退步之象。此種批評。頗合於現代事實。夫吾國於千年以前。所發明之器物。多足以供給科學上之需要。使政府稍加注意。則物質發達。必非歐人所及。然而奇技淫巧。自來輕視。匪特提倡不力。又從而禁之。以吾人淺見方謂古人過於錮閉。及深求其故。則古人之立心。實非吾人之知識所及。蓋物質發達。人類必極其耳目口體之慾。而帝王專制。官吏專制。富豪專制。將與物質而俱進。人民因物質而有慾望。因慾望而競爭。於是攘奪殘殺之事。乃日益增加。古人禁止物質之發達。正所以保持社會之平均。故貴賤上下。等差雖分。而物質享用相去不遠。人類之慾望不奢。則攘奪殘殺之事必少。此端拱垂裳而天下治，胥是道耳。今人論治。必舉財政交通工商爲詞。而古人論治則曰修齊治平。何其迂也。雖然修齊治平皆治之本也。其本治而末亂者鮮矣。今以物質上爲治。是直大亂之原也。吾人非頑舊腐儒。懷抱尊中抑外之意見。然試取哲學上之精神。探索政治之大原。則修齊治平之說。實爲人類之所需要。顧處現在時代與狀況之下。人類正競爭於物質慾之中。吾人苟以古人論治之說進。則掩耳而走者將盡人而然。而老朽之稱。直將上吾人以尊號。此可證人類之趨勢。大率趨於錯誤之一途。而不能以理性解釋之。是故曲突徙薪。忠言不易入耳。而焦頭爛額。乃享上客之待遇。世事紛紛。皆此類也。現代社會每以勢利二字。形容小人之態度。抑知上下數千年。縱橫萬萬里。事物無大小。皆不能出乎勢利二字之範圍。大抵利由勢生。必有勢而後有利。故欲謀個人之私利。卽須迎合大勢。若與大勢反抗。則個人必先受其害。彼夫奸巧官吏。於滿淸時代則奴事異族。於民國初建則附和共和。於袁氏叛國則贊助帝制。於國民革命則高談三民主義。若輩非前後同是一人乎。而每經一時代。卽變一新面目者何也。蓋因勢而取利。復因利而取勢。旣取勢利而有之。則人將欽慕之不暇。孰敢以卑鄙二字相加歟。故勢利者人之情也。亦物之情也。人事之成功失敗。純以勢利爲轉移。必認勢利爲卑鄙。是謂人類皆有理解性者也。其然豈其然乎。夫理勢不並立。言勢則不能言理。禮敎無理者也。大勢趨於禮敎。則人不能居於禮敎之外。放蕩無理者也。大勢趨於放蕩。則人不能居於放蕩之外。卽至飮食糞便。無理者也。大勢趨於飮食糞便。則人不能居於飮食糞便之外。衆人皆醉而我獨戒酒。勢必爲衆所不齒。衆人皆裸而我獨冠裳。勢必爲衆所共棄。理不勢敵。亘古於茲。吾今論人類之趨勢。夫趨勢云者。大勢所趨之謂。亦卽人類趨附於大勢之謂。有勢則無理。固不待吾人解釋。而其意義已甚明顯矣。要之人類動作。皆缺乏理解性者也。今後人類之趨勢。吾敢斷定其順序。一物質慾日益發達。二競爭。三攘奪。四殘殺。五殘殺之結果。人類感覺物質上之痛苦。六於物質外求減少痛苦之方法。七唯心論盛行。八唯心論過於枯寂。不能禁錮人類之慾望。九物質慾復發達。由是而再轉入於競爭攘奪殘殺之境地。此種趨勢。周而復始。一言蔽之。不外循環之作用而已。此吾所謂不徹底之說也。

人類爲萬物之靈。各具有思考抵抗之能力。乃永處周始循環之中。一任造化弄人。竟至無所感覺者何也。則忙於自相生滅之過也。人事紛擾。可謂至極。然階級職業。雖有不同。而莫不向生滅之途徑以趨。例如飲食所以生人之精力者也。而因求飲食之故。在在足以滅人之精力。夫既欲其生不如勿滅。日日滅之。又日日生之。何人類之不憚煩耶。飲食猶其小焉者也。國家之興廢。社會之更易。制度文物之毁造。生之滅之。又何其無常也。大抵宇宙萬有。生滅不已。惟生故滅。亦惟滅故生。人類由胚胎而誕生。由誕生而少而壯而老而死。所經過之時期。或久或暫。而其營營擾擾。實無一刻不在生滅之途徑中。人類生活之方法。學者稱之曰經濟。而撮其主要。不外生產與消費而已。故使舍生產消費而不論。則經濟學理。卽無存在之餘地。今世物質進步。固盡人所承認。然冷眼以觀察之。與其謂爲進步。毋寧謂爲物質生滅。增加速率。吾人囿於片面之見。祇覺其生。未覺其滅。而不知生滅並進。互爲因果。物質將生而滅機已伏。且此物質方生而滅此物質者已繼踵而起。觀之戰爭利器日趨殘酷。可知人類創造事物之能力固甚偉大。而毀滅事物之能力又正與創造同也。吾人入上海之市。見其奇偉之建築物與年俱進。而進至何狀。吾人固不敢妄下斷語。顧以吾腦筋所想像。常覺此繁華之都市必有一日夷爲瓦礫之場。或回復海灘之舊。大抵毀滅之力至大而驟。積億兆人之心力千萬年之時日以生之而不足。一小時滅之而有餘。而事變發生。又往往出乎人力所備以外。此生滅循環之理。無可逃也。夫自我生之。自我滅之。人類本可以無憾。顧無因而生。無因而滅。年華逝水。悉銷磨於生生滅滅之中。試回首以思。能無惆悵。况生滅之間。痛苦所繫。夫鳥知避羅。獸知避穽。物猶如此。人類乃不知所以自處。何歟。過去之人類。歷史上僅留生滅之痕迹。固可勿論矣。今後人類之趨勢。將何如乎。抑猶是循此生滅之途徑而無可避免乎。然而學理事實已昭示於吾人之前。人類趨勢。譬如一機車牽引多數車輛而行。雖途徑錯誤。而後車必續續隨前車以趨。故今後人類之趨勢。必不能脫離此生滅之定律。蓋世上一切事物。惟人類能生之。亦惟人類能滅之。而使人類由胚胎而誕生而少而壯而老而死。亦無非此生滅之作用。生滅之作用廢。則人類卽失去哀樂之情感。是人類爲生滅而犧牲者。非卽爲生滅而存在乎。悠悠古今。此謎難解。茫茫宇宙。人又何言。人類趨勢。既如上述。吾亦人類之一。明知此殘酷悽慘苦悶之狀況。相續不斷。然吾將隨衆浮沈乎。抑將別謀避免之方法乎。雖然方法正難言矣。救世固有宏願。而收效實無把握。孔門多賢者。而一簞食一瓢飲在陋巷不改其樂顏回一人而已。佛家無我。而緇流修行。不忘物質上之紛華。由是知人類迷夢難有醒覺之時。李義山詩曰「春蠶到死絲方盡蠟炬成灰淚始乾」吾其如人類何哉。大抵挽救人類之方法。不外二途。曰儒曰佛是也。儒者入世身心性命之學。要皆維持人類安寧之方法。佛家出世空諸一切。物我皆無能超出人類之外。而不復爲物質所困。故今後之人類。如感覺物質上之痛苦。而有廢然思返之日。則或儒或佛。請擇於斯二者。歐西學說。注重養人之策。吾國學說。全論爲人之道。故儒者之言曰「自古皆有死民無信不立」又曰「不以利爲利而以義爲利」吾初聞其言未嘗不竊笑其腐也。然思之思之。人人不研究爲人之道。而但講求養人之策。潮流所趨。禍患伊於胡底乎。吾國政局腐敗。社會紊亂。思想複雜。至今已極。試一審其受病之原。則歐西流行病。正在傳染吾國。毒菌蔓延。良醫束手。世人不悟。猶復鼓吹歐化。認爲可以撥亂而反之正。此實飲酖止渴之道也。夫歐人受病已深。正苦無療治之方法。吾人家有良藥。置而不用。更以衰弱之軀。甘受傳染。謂非喪心病狂不可得也。故爲世界人類計。應使歐人及早悔悟。捨棄其功利鬥爭之說。採取儒佛之精義以立國處世。則縮軍會議可不開。非戰條約可不簽。而世界和平當能見之事實。如其不然。則大亂未已。而吾國亦將同歸於盡。吾非有種界國界之見。必欲强他人以從我。譬之隣人失火。殃及吾室。吾惟謀自救。不能不先息隣人之火。吾豈好爲排斥歐人學說哉。吾不得已也。

夫治亂之理。豈偶然耶。人人求徹底。則社會亂。人人不求徹底則社會治。政府與人民。苟有一方面求徹底。則國家亂。雙方不求徹底。則國家治。國與國求徹底。則世界亂。國與國知徹底之不可能。則世界治。公羊倡三世之說。曰據亂世、昇平世、曰太平世。據亂世者何。人人求徹底故詐奪姦殺之事多。而資本家專制無產階級專制之所由起。政府與人民各求徹底。故革命反動。互趨極端。國與國求徹底。故有世界之大戰爭。此皆據亂世也。昇平世者何。矯枉過正之後。窮途思返。漸知求徹底之非。不得已退讓一步。爲他人稍留餘地。而在短少之時期。亦可相安於無事。此皆昇平世也。人與人之間。政府與人民之間。國與國之間。均不趨向於徹底之途徑。不徹底則無所爭。既無所爭。則紛擾之端。無自而起。此所謂太平世也。然而人類自有史以來。亂多而治少。太平盛世。僅成想像者何也。則人類趨向於徹底而終於不能徹底也。

人類趨勢。既不能徹底。吾人爲避免痛苦計。惟有於不徹底之中。謀精神上之安慰。且人能明瞭不徹底之意義。自必減少其物質上之慾望。是人生問題。已可爲不徹底之解決矣。現代社會有極普通之名詞。曰奮鬥。曰前進。此皆反對不徹底者也。然奮鬥前進之結果如何。果與奮鬥前進之主旨相符否乎。凡人作事。率不深求其結果之所在。當其出發時。非無理想中之結果也。而理想中之結果。必非事實之結果。試任舉一事。曾有一完全徹底者乎。無有也。故凡人作事。其不欲深求結果之所在者。正恐深求之後。乃無事可作耳。吾也悠忽半生。總明自誤。每作一事。必先求其結果所在。而求之愈深。結果愈不可得。感懷時世。每中夜徬徨。久而久之。恍然有悟。所悟惟何。則無論何種事物皆不徹底者也。吾以不徹底原理名吾書。既不徹底。而曰原理。其爲不徹底之原理乎。其爲徹底之不徹底原理乎。吾不能知也。抑亦毋庸知之也。何也。吾固篤信吾之不徹底說也。夫無論何種事物。既不徹底。然則吾書之作。顧可徹底乎哉。